Bernd Imgrund

111 Orte im Kölner Umland, die man gesehen haben muss

Mit Fotografien von Nina Osmers

W0059947

emons:

Bibliografische Information der Deutschen Bibliothek
Die Deutsche Bibliothek verzeichnet diese Publikation in der
Deutschen Nationalbibliografie; detaillierte bibliografische
Daten sind im Internet über http://dnb.d-nb.de abrufbar.

© Hermann-Josef Emons Verlag
Alle Rechte vorbehalten
Gestaltung: Eva Kraskes, nach einem Konzept
von Lübbeke | Naumann | Thoben
© der Fotografien: Nina Osmers
© Foto Derenbachtalbrücke Seite 203: Johannes Siebigteroth
© Foto Der Kreis-Wald Seite 185: VG Bild-Kunst Bonn 2010, Holger Hagedorn
Kartografie: Udo Beha
Druck und Bindung: B.O.S.S Druck und Medien GmbH, Goch
Printed in Germany 2011
Erstausgabe 2010
ISBN 978-3-89705-777-7
Originalausgabe

Unser Newsletter informiert Sie
regelmäßig über Neues von emons:
Kostenlos bestellen unter
www.emons-verlag.de

Vorwort

Wer immer sich mit diesem Buch auf die Suche begibt, wird früher oder später Neuland betreten. Oder kennen Sie den historischen Wallace-Brunnen in Burscheid? Wissen Sie, warum sich in der Wahner Heide bei Troisdorf-Altenrath eine Panzerwaschanlage befindet? Wie die an Raumschiffe erinnernden Sinnersdorfer Stelzenhäuser entstanden und warum der Gymnicher Rittaltar dem Brandenburger Tor ähnelt? Ahnen Sie, welch seltsamer Ort sich hinter dem zungenbrecherischen Namen Qwertzuiopü verbergen mag und wie Korallenriffe nach Bergisch Gladbach kommen?

Welche Orte hier Aufnahme fanden, hing weitestgehend von ihrer Originalität und Zugänglichkeit ab. Zahlreiche Dörfer außerhalb der Metropole verfügen über ein schönes altes Schloss, eine wehrhafte Burg oder etwa eine noch funktionstüchtige Mühle. Aber nur die wenigsten von ihnen können besichtigt werden. Es sei denn, man besucht zum Beispiel das Pferdestall-Café des verwunschenen Türnicher Wasserschlosses oder den nagelneuen Galerie-Holländer in Bergheim-Glessen.

Keine der hier zusammengetragenen Sehenswürdigkeiten ist weiter als 15 Kilometer Luftlinie von der Kölner Stadtgrenze entfernt. Und doch fühlt man sich vor Ort zuweilen in einer ganz anderen Region und ist überrascht, was das Kölner Umland an faszinierenden, manchmal auch skurrilen Highlights zu bieten hat. 111 Orte im Kölner Umland, das bedeutet 111 Entdeckungen in Pulheim und Frechen, in Wesseling und Brühl, in Rösrath und Bergisch Gladbach, in Dormagen und Leverkusen. In diesem Sinne: Nichts gegen große Touristenziele wie das Phantasialand. Aber auch der Liblarer Karauschenweiher, die Rommerskirchener Rückriem-Hallen und der Hoffnungsthaler Franziskaschacht sind einen Ausflug wert!

111 Orte

1 Die Energie-Ausstellung
Schloss Paffendorf und die Geschichte der Braunkohle

Vom Braunkohletagebau ist an verschiedenen Stellen dieses Buches die Rede. Kein Wunder, schließlich wurde (und wird) das gesamte linksrheinische Kölner Vorland davon geprägt. Den besten historischen Überblick zur Braunkohlegewinnung bekommt man im Schloss Paffendorf bei Bergheim. Das Wasserschloss geht auf einen Renaissancebau des 16. Jahrhunderts zurück und wurde 1861–1865 neogotisch umgestaltet. Heute befindet es sich im Besitz der RWE, die hier eine dauerhafte »Energie-Ausstellung« einrichtete. So technizistisch der Titel, so lebhaft und bunt die Präsentation.

Diese Ausstellung beginnt mit einer großen Vitrine, in der Meilensteine der Brikettherstellung präsentiert werden. Wer dies für banal hält, bedenke eines: Für Briketts benötigt man leistungsfähige Pressen, noch in der deutschen Nachkriegszeit waren Briketts Edelprodukte. Bei den schwer kölsch klingenden »Klütten« hingegen handelte es sich lediglich um handgeformte, sonnengetrocknete Brocken, die neben Braunkohle auch einen mehr oder weniger großen Anteil Erde enthielten. Das Zeug war bröselig, feucht, es qualmte, und der Heizeffekt hielt sich in Grenzen. Klütten waren die Wärmespender der armen Leute.

Ein separater Raum widmet sich den archäologischen Funden der Region. Wer buddelt, der fördert Vergangenheit zutage, und nicht anders erging es den Braunkohlejägern. So legten sie hier unter anderem ein imposantes Hirschgeweih frei, dessen Träger vor rund 10.000 Jahren erlegt wurde. Die ergonomische Bearbeitung der Schädelplatte legt nahe, dass es einst einem rheinischen Schamanen als ritueller Kopfschmuck diente. Einen noch weitaus älteren Fund passiert der Besucher beim Betreten des sehr hübschen Parks von Schloss Paffendorf. Direkt am Eingang liegt dort der gut ein Meter dicke Stumpf eines vorzeitlichen Mammutbaums, ebenfalls gefunden im Rahmen des Braunkohleabbaus. Sein geschätztes Alter: 15 Millionen Jahre.

Adresse Bergheim-Paffendorf, Burggasse | **Anfahrt** A61, Ausfahrt Bergheim, dann über die B477 nach Paffendorf | **Öffnungszeiten** Sa, So 10–17 Uhr, in den Ferien täglich | **Tipp** Im Park findet sich zudem ein Forstlehrgarten zur Pflanzenwelt in der Zeit der Braunkohle.

2 Die Friedhofs-Kastanie

Kühlturm, Kunst und kleiner Trommler

Am Rande des hochgelegenen Friedhofs von Oberaußem steht eine alte, knorrige Kastanie. Von hier aus überblickt man den gesamten Ort und die benachbarten Industriebetriebe. Irgendwann kurz nach dem Zweiten Weltkrieg stand hier auch ein junger Mann, Spross einer Flüchtlingsfamilie, und dachte über seine Zukunft nach. Günter Grass hieß dieser Teenager, und den Roman, in dem er den folgenden Absatz später veröffentlichte, nannte er »Die Blechtrommel«: »Welch eine Aussicht! Zu unseren Füßen das Braunkohlerevier des Erftlandes. Die acht gegen den Himmel dampfenden Kamine des Werkes Fortuna. Das zischende, immer explodieren wollende Kraftwerk Fortuna Nord. Die Mittelgebirge der Schlackenhalden mit Drahtseilbahnen und Kipploren darüber.«

Grass hatte seine Eltern Helene und Willy 1946 in Bergheim-Fliesteden wiedergefunden. Später zog die Familie nach Oberaußem. Grass' Vater hatte eine Stelle als Hilfspförtner bei der Verwaltung von Rheinbraun angenommen, seinen Sohn wollte er im Kraftwerk in die Lehre schicken. Aber der spätere Nobelpreisträger, damals 19 Jahre alt, lehnte dankend ab und wanderte nach Düsseldorf aus, um stattdessen an der dortigen Kunstakademie zu studieren. 1959 veröffentlichte er dann jenen Roman, der ihm zu Weltruhm verhelfen sollte.

Auch heute noch ist der Blick von jener Stelle aus ausgesprochen spektakulär. Inzwischen hängt hier sogar eine an Grass erinnernde Bronzetafel an der Friedhofsmauer. Besonders gestaunt hätte der kleine Trommler heuer über den 2002 in Betrieb gegangenen Kühlturm des Kraftwerkes Niederaußem. 200 Meter ragt er in den weiß verqualmten Himmel und ist damit der weltweit höchste seiner Art. Die erstaunlichste Leistung der am Bau beteiligten Architekten, Statiker und Ingenieure besteht in der Wandstärke von lediglich 30 Zentimetern: Vergleicht man die Proportionen, ist diese Hülle nur ein Fünftel so dick wie die eines Hühnereis.

Adresse Bergheim-Oberaußem, Alter Friedhof an der Friedhofstraße | **Anfahrt** A61 bis Ausfahrt Bergheim, dann über die B477 (Dormagener Straße) nach Oberaußem | **Tipp** Wer der A61 nach Süden folgt, gelangt über die Ausfahrt Weilerswist nach Bornheim-Merten, wo er auf das Grab eines weiteren deutschen Literaturnobelpreisträgers stößt: Heinrich Böll (siehe Seite 50).

3_ Der Galerie-Holländer
Nicht echt, aber originalgetreu

Im linksrheinischen Kölner Vorland standen einst unzählige Windmühlen. Auf dem Kamm des Vorgebirges weht der Wind bis heute, aber die Zeit der Mühlen ist vorbei. Nur wenige Exemplare haben überlebt, noch geringer ist die Anzahl jener, die bis in die Gegenwart funktionstüchtig geblieben sind. Und weil sie sich zudem fast ausnahmslos in Privatbesitz befinden, können sie auch nicht besichtigt werden.

Ganz anders liegt der Fall in Glessen. Die dortige Mühle mahlt nämlich erstens richtiges Mehl, und zweitens ist man sogar eingeladen, dabei zuzusehen. Das vom Wetter silbergrau verfärbte Douglasienholz der Außenwand darf jedoch nicht darüber hinwegtäuschen, dass hier kein historisches Original steht: Die Mühle wurde zur Präsentation erbaut und ist nagelneu.

Holländerwindmühlen verdrängten ab dem 16. Jahrhundert die bis dahin gebräuchlichen Bockwindmühlen. Die Innovation bestand darin, dass ihre Kappe (der obere Abschluss, an dem auch die Flügel befestigt sind) mit dem Wind drehbar ist. Der Vorsatz »Galerie-« bezieht sich wiederum auf den umlaufenden Balkon, von dem aus Flügel und Bremse bedient beziehungsweise repariert werden können.

Eingebettet ist die Glessener Mühle in ein hübsches neues Freilichtmuseum. Wo vorher nur Feld lag, entstand in den letzten Jahren ein kompletter Vierkanthof nach historischem Muster. In den Ställen und Freilaufgehegen tummeln sich sämtliche Arten von einheimischem Viehzeugs, und auch dabei setzte man vorzugsweise auf traditionelle Rassen. So stehen hier einige Deutsche Sattelschweine im Futter, wie man sie vor allem in der früheren DDR gezüchtet hat. Streuobstwiesen mit traditionellen Obstbäumen sowie ein Café- und Restaurantbereich ergänzen das Programm. Und um das Mehl verwerten zu können, das in der Windmühle gemahlen wird, entstand neben dem Hof auch noch ein eigenes Backhaus mit einem holzbefeuerten Steinofen.

Adresse Bergheim-Glessen, Mühlenhof an der Hohe Straße | **Anfahrt** Venloer Straße bis Pulheim, links nach Fliesteden, dort links auf die Hohe Straße gen Glessen | **Öffnungszeiten** Di–So 9–18 Uhr | **Tipp** Historische, aber nicht von innen zu besichtigende Mühlen nahe Glessen stehen in Stommeln und Brauweiler.

4_ Die Glessener Höhe
Der Ayers Rock im Staatsforst Ville

Verlässt man die Ortschaft Glessen gen Westen, taucht bald linker Hand ein massiger Bergrücken auf. Was sofort auffällt: Diese Erhebung steigt nicht allmählich an, sondern steht wie ein Solitär, wie der Ayers Rock in der ansonsten flachen Landschaft. Das gut einen Kilometer lange Plateau ist bewaldet und wird durch zahlreiche Feldwege erschlossen. Aber irgendwie wirkt es unnatürlich, so, als hätte es ein unbekannter Riese hier hingesetzt.

Näher kommt man dem Phänomen, wenn man weiß, wie die älteren Einheimischen die Formation betiteln: Glessener Kippe. Der Berg entstand nämlich als Abraumhalde des Braunkohletagebaus. 15 Jahre lang, von 1955 bis 1970, wurde hier Schicht um Schicht aufgeschüttet, bevor man das Ganze mit Bäumen, Wiesen und Ackerland wiederaufforstete. Mit einer Höhe von 204 Metern überragt dieser künstliche Monolith seitdem den natürlich gewachsenen Höhenrücken der linksrheinischen Ville um gut 80 Meter. Einmal auf dem obersten Niveau angelangt, spaziert man hier auf einer beinahe völlig planen Fläche – eine weitere Analogie zum heiligen Berg der australischen Aborigines.

Der junge Wald dort oben lässt zu allen Seiten Sichtschneisen frei, wobei ein Besuch des Gipfelkreuzes sicherlich am reizvollsten ist. Das ganz im Osten des Areals gelegene Holzkreuz erreicht man auf kürzestem Weg über steile Stufen. Oben angelangt, genießt der Wanderer bei klarem Wetter einen formidablen Ausblick. Das Panorama schließt dann den Düsseldorfer Fernsehturm genauso mit ein wie die Silhouette Kölns inklusive Domspitzen, das Bergische Land und das weiter südlich gelegene Siebengebirge. Echte Bergsteigergefühle kommen auf in Anbetracht des Gipfelbuches, das hier auf Initiative eines bayrischstämmigen Glesseners installiert wurde. Es findet sich in einer wettergeschützten Holzkiste neben dem Kreuz und lädt alle Gipfelstürmer ein, ihre von der Höhenluft berauschten Gedanken niederzuschreiben.

Adresse Bergheim, im Dreieck Glessen, Quadrath-Ichendorf und Oberaußem | **Anfahrt** Aachener Straße bis Königsdorf, dort rechts auf die Brauweiler Straße und am Glessener Kreisverkehr links auf die L91. Parken zum Beispiel auf dem Parkplatz am Ortsausgang links | **Tipp** Auf 302 Meter bringt es die 15 Kilometer westlich bei Niederzier gelegene Sophienhöhe, bei der es sich ebenfalls um eine rekultivierte Abraumhalde handelt.

5 Der Jüdische Friedhof

Acht versteckte Grabsteine im Ommelstal

Jüdische Friedhöfe hatten per Gesetz außerhalb des Dorfes zu liegen. Trotz ihrer Abgeschiedenheit wurden die meisten von ihnen während der NS-Zeit zerstört. Und was die Nazis übrig ließen, fiel – und fällt bis heute – oft in die Hände hirnloser Vandalen.

Auch der kleine Judenfriedhof von Fliesteden hat diverse Mutationen hinter sich. Vermutlich seit dem 17. Jahrhundert wurden hier, westlich der Ortschaft, die jüdischen Mitglieder der Gemeinde beerdigt. Der letzte bislang entdeckte Grabstein stammt aus dem Jahr 1921 und verweist auf eine Sarah Stock. Eine Bestandsaufnahme von 2001 bemängelt den unwürdigen Zustand des Terrains. Die meisten Grabsteine waren umgefallen, nicht selten auch zerbrochen. Andere wiederum waren von Erde und Pflanzen bedeckt und harrten ihrer Ausgrabung. Auch der baufällige, zum Teil eingestürzte Maschendrahtzaun sorgte nicht gerade für einen positiven Gesamteindruck.

Seit dem Jahr 2008 nun sind diese Schäden und Versäumnisse behoben. Die acht verbliebenen Grabsteine wurden aufgerichtet und mit ihren ursprünglichen Sockeln zusammengefügt. Außerdem hat die an einem recht steilen Hang gelegene Totenstätte einen neuen Zaun erhalten, ebenso ein auf dem oberhalb verlaufenden Weg angebrachtes Hinweisschild. Wie im gesamten Ommelstal wurden in den letzten Jahren die ortsfremden Pappeln gefällt, um nach und nach durch Eichen, Hainbuchen oder Eschen ersetzt zu werden. Und im Talgrund fließt seit eh und je ein kleiner Bach, der sogenannte Fliestedener Graben.

In der Reichspogromnacht der Nationalsozialisten seien fünf jüdische Familien aus Fliesteden verschleppt worden, erzählte einst die Dorfbewohnerin Hildegard Felsenheimer. Deren Nachfahren, so die alte Dame, leben heute in den USA, einige von ihnen hätten den Friedhof auch einmal besucht. Vielleicht stammen von ihnen jene Steinchen, die, wie auf jüdischen Friedhöfen üblich, auf den Fliestedener Gräbern liegen.

Adresse Bergheim-Fliesteden | **Anfahrt** Venloer Straße, in Pulheim links auf die Bergheimer Straße gen Fliesteden. Am südlichen Ortseingang rechts Richtung (Christen-) Friedhof, an Kläranlage und Kleingärten vorbei. Wo sich der Weg zweiteilt, wählt man den rechten, aufwärts führenden Pfad. Oben angelangt, steht man vor dem Friedhofseingang. | **Tipp** Der Judenfriedhof liegt mitten im Naturschutzgebiet Ommelstal, das sich östlich von Fliesteden bis nach Stommeln erstreckt.

6_ Das Mauseum

Was ist Kunst? Was ist Kitsch?

Hinter dem »Mauseum«, man ahnt es, steht die Idee eines Anti-Museums. Wer definiert, was Kunst ist? Wer bestimmt, was museumsreif ist? Und wer legt den Wert eines Kunstwerkes fest, nach dem sich ja auch die Bewunderung der Betrachter ausrichtet? – Das waren die Fragen, die sich der Arzt, Künstler und Mauseumsleiter Gynter Mödder einst stellte. Und er fand die Antwort: Ich!

Angestoßen wurde seine Sammelleidenschaft 1975 in Florenz, als er ebenso staunend wie kopfschüttelnd vor einer Vitrine mit kitschigen Mäusen aus Muranoglas stand. Belangloser geht es kaum, sagte sich Mödder, und fortan trug er Mäusedarstellungen aus aller Welt zusammen.

Natürlich werden in seinem kleinen, übervollen Privatmuseum in Glessen die herkömmlichen Vorstellungen von hehrer Kunst und deren musealer Aufbereitung konsequent unterlaufen. Das heißt jedoch keineswegs, dass hier nicht auch durchaus kunstvolle Objekte zu finden seien. Oft ist es die Geschichte einer Kunstmaus, die für Mödder ihren Wert bemisst. So hat er in Nepal tibetanische Flüchtlinge einen Teppich mit Mäusemotiven weben lassen und von der Osterinsel eine geschnitzte Mausskulptur in der inseltypischen Moai-Optik mitgebracht. Nicht selten beauftragt er junge, noch unbekannte Künstler mit der Anfertigung eines Mäusebildes, und die selbstgebastelteten Geschenke ehemaliger Patienten sind Legende. Als reine Kunst kommen hingegen die Gemälde seiner Frau Renate Mödder-Reese daher, durch deren Werk sich die phantasievolle Darstellung von »Flugmäusen« zieht.

Mit anderen Worten: Kunst ist subjektiv, genauso wie Kitsch. Was dem einen ans Herz wächst, erfüllt den nächsten mit Abscheu. Für manchen Besucher schwer auszuhalten sein dürfte deshalb ein Gang in das Souterrain des Mauseums. Hierhin nämlich hat Mödder all jene Objekte verbannt, die aufdringlich bunt oder penetrant possierlich daherkommen. Extrem künstlicher Kitsch eben. – Oder?

Adresse Bergheim-Glessen, Sommerhaus 41 | **Anfahrt** Venloer Straße bis Pulheim, links nach Fliesteden, dort links auf die Hohe Straße gen Glessen | **Öffnungszeiten** Nach Absprache mit dem Mauseumsdirektor, Tel. 02238/42277 | **Tipp** Das Sträßchen Sommerhaus endet nach oben hin im Wald, eine mögliche Wanderung führt zur Glessener Höhe (siehe Seite 16).

7 Die Stadtmauer

600 Meter aus dem Mittelalter

Köln war die wahrscheinlich bestgeschützte Stadt des gesamten europäischen Mittelalters und der frühen Neuzeit. Mehrere Verteidigungsringe, massive Bollwerke, weite Schussfelder, hohe Wälle und tiefe Gräben hatten potenzielle Feinde zu überwinden, bevor sie zur eigentlichen Stadtmauer gelangten. Welche Ausmaße diese einst besaß, davon zeugen die erhaltenen Tore sowie imposante Mauerreste wie etwa jener zwischen Barbarossaplatz und Ulrepforte.

Wie man sich ein paar Nummern kleiner vor fremden Eindringlingen schützte, das lässt sich heutzutage noch in Bergheim beobachten. Insgesamt rund 600 Meter der alten Festungsanlagen haben sich bis in die Gegenwart erhalten, obwohl auch die Kleinstadt im Westen Kölns nicht von Stadterweiterungen und Kriegszerstörung verschont wurde.

Das mit 300 Metern längste Stück der Bergheimer Stadtmauer verläuft nördlich der Innenstadt parallel zum Knüchelsdamm. Dabei erstreckt es sich von der Erft im Osten bis zum Aachener Tor, dem Wahrzeichen der Kreisstadt. Errichtet wurde der Mauerring im 14. und 15. Jahrhundert. Nicht jeder Abschnitt des Backsteinwerkes hat sich bis heute im Original erhalten, aber mit seinen zahlreichen inneren Rundbögen, Türmchen und Kasemattenabgängen liefert es einen anschaulichen Eindruck der mittelalterlichen Verteidigungsarchitektur. Dass Bergheim wie das gesamte Rheinland gegen Ende des 18. Jahrhunderts in die Hand der Franzosen (und danach in die der Preußen!) fiel, konnte jedoch auch das nur maximal 5,5 Meter hohe Mauerwerk nicht verhindern.

Gen Osten endete die Bergheimer Stadtbefestigung bis zu ihrer Niederlegung 1880 mit dem Kölner Tor. Wer der städtischen Fußgängerzone bis zu ihrem nach Köln gerichteten Ende folgt, wird dort heutzutage wieder auf ein torähnliches Gebilde stoßen. Die wuchtige, vier Meter hohe Holzskulptur stammt von der zeitweilig ortsansässigen Künstlerin Magdalena Jetelova.

Adresse Bergheim, Am Knüchelsdamm/An der Stadtmauer | **Anfahrt** A61, Ausfahrt Bergheim-Süd, dann über K22 und Kölner Straße zum Knüchelsdamm | **Tipp** Am östlichen Mauerende fließt die Erft. Dort, direkt neben dem alten Kriegerdenkmal, findet sich ein interessantes antifaschistisches Ensemble, bestehend aus künstlerisch gestalteten Findlingen.

8___Das verwunschene Dorf

Nostalgie und Emissionen in Auenheim

Auenheim – welch ein Name! Das klingt doch nach sprudelndem Bach, satten Wiesen und glücklichen Kühen. Und irgendwann vor langer Zeit wird es hier auch einmal so ähnlich gewesen sein. Wer sich diesem Dorf jedoch heutzutage nähert, dem kommt womöglich eine Gefängnisinsel in den Sinn. Auenheim ist an allen vier Seiten eingeschlossen, nicht von Klippen und Meer, aber von den Eisenbahntrassen und von den Fabrikanlagen und Lagerflächen des alles beherrschenden RWE-Kraftwerkes Niederaußem.

Nur eine Straße, die Auenheimer, führt in den Ort hinein. Alle anderen enden als Sackgassen an Gleisen, Mauern oder Zäunen. Die graubeigen Mietskasernen der Rheinbraunsiedlung, beispielsweise entlang dem Lourther Weg, erinnern an das Ruhrgebiet der 1950er Jahre. Wacklige Vorratsschuppen begrenzen die Grundstücke, in den Gärten hängt die Wäsche zwischen den altbekannten Eisentoren, die die Kinder gern zum Fußballspielen nutzen. Über den Dächern hingegen: gigantische Schlote und Kühltürme. Hier weht ein Hauch von Nostalgie durch die Straßen, aber ebenso ein Heer von ganz und gar unromantischen Emissionen.

Die Verbarrikadierung Auenheims begann Ende der 1930er Jahre, als die Brikettfabrik Fortuna Nord eröffnet wurde. Rund 20 Jahre später entstand dann das besagte Kraftwerk an der Grenze zu Niederaußem. Geradezu bescheiden nimmt sich gegen die Industriebauten der auf das frühe 13. Jahrhundert zurückgehende Ordenshof aus. Das heutige Bürgerhaus wurde von Zisterziensermönchen gegründet, die das Anwesen jedoch bereits 1280 dem Deutschritter-Orden überließen. Nach einem Brand erhielt es im Jahr 1788 seine heutige Ausformung. Direkt gegenüber dem Ordenshof liegt die Auenheimer Dorfwiese. Alte Bäume spenden Schatten, zusammen mit den braunen Backsteinbauten vermittelt das Karree einen dörflich-archaischen und auch durchaus beschaulichen Eindruck. Man darf nur nicht den Kopf heben.

Adresse Bergheim-Auenheim | **Anfahrt** A61, Ausfahrt Bergheim-Süd, dann über Quadrath-Ichendorf und Oberaußem nach Auenheim | **Tipp** Einen guten Überblick über die Braunkohleanlagen gewinnt man vom Oberaußemer Friedhof aus (siehe Seite 12).

9 Der Bodenlehrpfad

Zur Geschichte eines steinalten Baumkuchens

Biologielehrer verblüffen ihre Schüler gern mit der Tatsache, dass in einer Handvoll Erde mehr Lebewesen hausen, als es Menschen auf der Welt gibt. Sie tun dies, um einer zu Unrecht vernachlässigten Substanz zu neuem Ansehen zu verhelfen: dem Naturboden. Wenn er nass wird, spricht man von Matsch, wenn er an der Hose klebt, von Dreck. Aber wenn man sich eingehender mit ihr befasst, wird die Muttererde zu einem höchst interessanten Feld. Dass dieses im Königsforst auch von einfachen Spaziergängern erschlossen werden kann, ist ein Verdienst des Geologischen Dienstes NRW. Denn wo es bislang nur Waldlehrpfade gab, die sich mit Bäumen, Sträuchern und Tieren befassen, existiert seit Ende 2007 auch ein spezieller Bodenlehrpfad.

Zugleich unscheinbar und spektakulär wirken die einzelnen Stationen dieses Projekts. Denn rein äußerlich betrachtet, handelt es sich lediglich um Löcher – um ein halbes Dutzend ausgehobener Gruben, einen knappen Quadratmeter groß und keine zwei Meter tief. Aber selbst der Laie erkennt auf Anhieb, dass hier etwas in mal ganz dünnen, mal dickeren Schichten gewachsen ist, wie ein Baumkuchen. Nur dass dieser Kuchen eben nicht in 30 Minuten gefertigt und gebacken wurde, sondern in mehr als 300 Millionen Jahren! Große Teile des Königsforstes ruhen auf Ton- und Sandsteinterrassen, deren Entstehen man auf die Zeit vor 358 bis 417 Millionen Jahren datiert.

Eine optische Ausnahme bildet die sechste und letzte Station des Weges nahe dem Wanderparkplatz in Forsbach. Hier wurde keine Aushebung vorgenommen, handelt es sich doch um ein Niedermoor-Areal. Das Grundwasser reicht bis an die Erdoberfläche, etwaige Schaugruben würden sofort wieder »absaufen«. Das moorige Dickicht und die überall aufscheinenden sumpfigen Pfützen zwischen den Erlen und Eschen erinnern mit ein wenig Phantasie an die gruselige Geschichte der Baskervilles. Empfohlen sei deshalb ein Spaziergang im Frühnebel.

Adresse Bergisch Gladbacher Teil des Königsforstes | **Anfahrt** Eine Übersichtstafel findet sich am Wanderparkplatz Forsbach an der Bensberger Straße. Dorthin gelangt man über die A4, Ausfahrt Moitzfeld, links auf die Overather und wieder links auf die Friedrich-Offermann-Straße, die zur Bensberger wird. | **Tipp** Der Bodenlehrpfad kann in rund zwei Stunden erwandert werden. Unter www.gd.nrw.de/zip/brokoeni.pdf findet sich eine ausführliche Broschüre zum Download.

10_ Die Erdenburg

Ein geheimnisvoller Ringwall aus vorchristlicher Zeit

Der Ausflug beginnt als ganz gewöhnlicher Spaziergang. Der Waldweg nördlich der Wipperfürther Straße führt zunächst steil bergab zu einem Weiher, und dort geht es dann ebenso steil wieder bergauf. Schon auf halber Höhe dann eine Irritation: Das von Buchen und Fichten bewachsene Gelände weist Wellen auf. Wer genauer hinsieht, wird feststellen, dass diese sich um die ganze Bergkuppe ziehen, drei Wälle und drei Gräben, die ein Oval von 230 mal 165 Metern einfassen.

Der eindrucksvollste, am besten erhaltene Ringwall des Bergischen Landes stammt wahrscheinlich aus der Zeit vor Christi Geburt. Scherbenfunde der Anhöhe werden auf das erste, Holzkohlenreste auf das vierte Jahrhundert vor Christus datiert. Die heute etwas eingefallenen Gräben müssen einst gut zwei Meter tief gewesen sein, die beiden äußeren Ringe waren mit hölzernen Palisaden bewehrt. Der einzige Zugang befand sich, so die Historiker, am westlichen Steilhang der Anlage.

Wer hier damals lebte, darüber lässt sich nur spekulieren. Möglicherweise war es ein Zweig der Sugambrer, eines westgermanischen Stammes. Die Kastenbauweise des innersten Walles hingegen hatte der römische Feldherr und spätere Kaiser Cäsar in keltischen Gebieten kennengelernt und als »murus gallicus« beschrieben. Dabei wurden die hölzernen Verteidigungselemente der Mauer mit Erde verfüllt. Als man die Anlagen 1936 entdeckte, wurde sie von den Nationalsozialisten schnell als germanischer Verteidigungsbau gegen die römischen Eroberer interpretiert. Aufgrund des vorchristlichen Alters der Funde ist dies jedoch auszuschließen. Sicher ist nur: So spurenlos, wie sie kamen, verließen die Erbauer ihren bergischen Hügel irgendwann auch wieder. Eine ebenfalls antik wirkende Schautafel erklärt dem Wanderer heute diese Zusammenhänge. Souvenirbuden oder Touristenmengen sucht man hier vergeblich – ein gleichermaßen stiller wie geheimnisvoller Ort.

Adresse Bergisch Gladbach, zwischen Bensberg und Moitzfeld, Wipperfürther Straße | **Anfahrt** A4, Ausfahrt Moitzfeld, Parkmöglichkeit am Parkplatz Stegs Kier, einer nördlichen Schlaufe der Wipperfürther Straße | **Tipp** Der Besuch lässt sich nach Norden hin zu einem Spaziergang durch den Bensberger Königsforst erweitern.

11 Die Fossiliensammlung
Brachiopoden, Seelilien und Haarsterne

Der Konrad-Adenauer-Platz, Zentrum von Bergisch Gladbach, kommt überaus repräsentativ daher. Hier wird zweimal die Woche Markt abgehalten, hier finden sich das Rathaus und die prachtvolle, als städtische Galerie genutzte Villa Zanders mit ihren wechselnden Ausstellungen zur zeitgenössischen Kunst. Zunächst als Gasthof entstand um 1850 der Bergische Löwe. In dem nach dem Wappentier der Region benannten Haus gingen ab dem frühen 20. Jahrhundert bereits Theateraufführungen über die Bühne. Ende der 1970er Jahre wurde das historische Gebäude dann in jenes von Gottfried Böhm geplante moderne Ensemble eingefügt, das bald auch das Bergisch Gladbacher Theater beherbergte.

Im Gegensatz zu anderen städtischen Festgebäuden kann man in diesem tagsüber frei herumgehen. Das rot gefliste Treppenhaus vermittelt, leer wie es jenseits von größeren Veranstaltungen ist, einen sehr funktionalen Eindruck. Aber wer einmal den Gang ins obere Parkett auf sich genommen hat, wird dort mit einer äußerst sehenswerten Dauerausstellung belohnt.

Verteilt auf zahlreiche in die Wände integrierte Vitrinen, wurden hier Fossilien zusammengetragen, die bis in das Devon-Zeitalter vor rund 400 Millionen Jahren zurückreichen. Den Grundstock bilden dabei die Funde aus der nahen Paffrather Kalkmulde. Dominiert wurde die rheinische Fauna damals von sogenannten Brachiopoden oder Armfüßern. Die Meerestiere ähnelten den Muscheln, verfügten jedoch über armartige Tentakel zu beiden Seiten des Mundes. Die Bergisch Gladbacher Sammlung zeigt sowohl komplett dreidimensionale versteinerte Exemplare als auch steinerne Negative dieser Lebewesen. Unter diesen Abdrücken verwester Tiere bestechen nicht zuletzt die filigranen Strukturen prähistorischer Seelilien und Haarsterne. Hübsch kommen jedoch auch die fein genuteten Muscheln und die labyrinthartigen Korallenspuren daher. Zahlreiche Karten, Skizzen und sonstige Abbildungen ergänzen die Ausstellung.

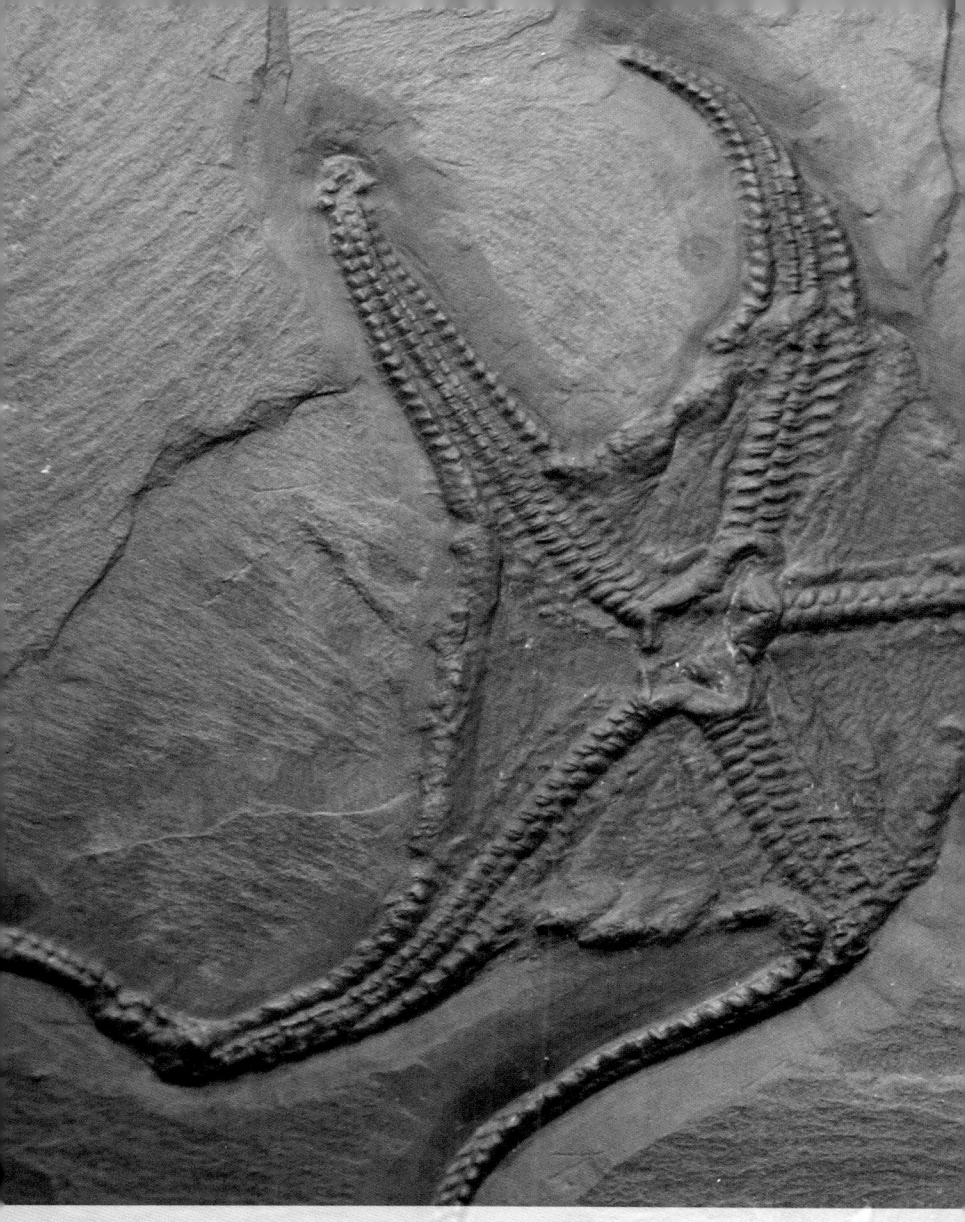

Adresse Bergisch Gladbach, Konrad-Adenauer-Platz | Anfahrt Direkt über die Bergisch Gladbacher Straße oder über die A4, Ausfahrt Refrath | Öffnungszeiten Mo–Fr 10–16, Sa 9–13 Uhr | Tipp Ergänzend sollte man durch die Paffrather Kalkmulde wandern (siehe Seite 40). Die gegenüberliegende Villa Zanders ist Di und Mi 14–18, Do 14–20 und So 11–18 Uhr geöffnet.

12_ Die Kaisereiche

Symbol, Opfer und Metamorphose

Die Kaisereiche bei Forsbach ist in mehrererlei Hinsicht ein Kuriosum. Zum einen nämlich wurde dieser Wilhelm I. (1797–1888) gewidmete Baum erst 20 Jahre nach seinem Tod gepflanzt. Die Initiative ging dabei von seinem Nachfolger Wilhelm II. aus, manche Quellen behaupten gar, Letzterer habe an jenem 17. November 1908 im Königsforst persönlich an der Pflanzung teilgenommen. Jedenfalls setzte man das Bäumchen zunächst mitten auf eine der bedeutendsten Kreuzungen des Waldgebietes. Derart exponiert konnte sich die Eiche zwar frei entfalten, stand aber zugleich auch im Fokus manch ungebetener Gäste. Als nach dem Ersten Weltkrieg französische Besatzungssoldaten den Baum als Zielscheibe benutzten, schied er dahin.

Das hehre Symbol der deutschen Monarchie war verschwunden, aber die Menschen rund um den Königsforst ließen sich nicht lange niederdrücken. Wie es der Zufall und die Natur wollten, stand gleich in der Nähe eine weitere frei gewachsene Eiche. Ursprünglich vielleicht lediglich das Produkt eines vergesslichen Eichhörnchens, erlebte der Baum eine jähe Aschenputtel-Karriere, mithin: Er wurde zur neuen Kaisereiche gekrönt.

Kaisereichen werden in deutschen Landen wahrscheinlich seit der Zeit Karls des Großen gepflanzt. Unter jener im fränkischen Füttersee soll der Übermonarch sogar einmal sein kaiserliches Haupt gebettet haben. Weitere berühmte Vertreter stehen etwa in Berlin-Friedenau (zu Ehren Wilhelm I.), in Würselen-Kaisersruh bei Aachen (Zar Alexander I.) oder im Marburger Schlosspark (Drei-Kaiser-Eiche von 1888). Dass man sich ausgerechnet an die Eiche hielt, ist kein Wunder. Ihre kräftigen Stämme und Äste sowie ihr imposanter knorriger Wuchs repräsentieren auf das Eindrucksvollste die Macht der Verehrten. Und dank ihres langen Lebens ist auch bestens für deren anhaltenden Nachruhm gesorgt. Schließlich können Eichen über 1.000 Jahre alt werden.

Adresse Bergisch Gladbach, nahe Rösrath-Forsbach | **Anfahrt** A4, Ausfahrt Bensberg oder Moitzfeld. Per Auto am nächsten kommt man der Kaisereiche mit dem Wanderparkplatz Forsbach an der Bensberger Straße. Von dort aus 15 Minuten auf dem Waldweg nach Westen | **Tipp** Auf dem Weg zur Eiche passiert man zudem zwei Stationen des Königsforster Bodenlehrpfads (siehe Seite 26).

13_ Die Lobbybar

Kaffee auf Schloss Bensberg

Vom Tor bis zum Eingang des Barockschlosses sind es gut hundert leicht ansteigende Meter. Der Anblick dieser monumentalen weißen Fassade flößt Respekt ein, beinahe meint man, hier irgendwie nicht hinzugehören. Und beinahe fürchtet man, von einem der überall verteilten livrierten Herren gleich höflich, aber bestimmt des Feldes verwiesen zu werden.

Das Luxushotel auf Schloss Bensberg funktioniert jedoch in Wirklichkeit wie die meisten anderen Herbergen. Der Gastronomiebereich steht prinzipiell auch für Menschen offen, die nicht im Schloss tagen oder nächtigen. Direkt hinter dem Foyer befindet sich die schon morgens geöffnete Lobbybar, deren Angebot von hauseigenen Kuchen bis zu innovativen Cocktails reicht. Beinahe alles ist hier in Schwarz und Gold gehalten. Die reizvolle Kombination zieht sich von den Sesselchen über die Tische und die Theke bis zum ausladenden Flügel, der jeweils samstags und sonntags zwischen 15 und 18 Uhr von einem Pianisten bespielt wird. Jenseits dessen herrscht hier gedämpfte, crooner-orientierte Barmusik vor, absoluter Favorit des Hauses ist selbstverständlich der gute alte Frank »Frankieboy« Sinatra.

Wer erst einmal Platz genommen und den erstklassigen Kaffee probiert hat, ist erstaunt darüber, wie gemütlich es in der Bar trotz der inszenierten Mondänität sein kann. Man streckt die Beine aus, genießt die Atmosphäre und beobachtet den vornehmen Hotelverkehr. Oder man bedient sich am – ausschließlich mit Exemplaren der »Welt« bestückten – Zeitungsständer. Und wenn man über den Rand hinausschaut, nach draußen, sprudelt direkt vor dem Eingang ein Springbrunnen. Selbst von der rückwärtigen Lobbybar aus erkennt man bald, worum es sich bei den beiden schemenhaften Stalagmiten handelt, die hinter der Fontäne zuweilen aufscheinen. Schloss Bensberg wurde exakt nach Westen ausgerichtet, und deshalb sind das die Spitzen des Kölner Doms.

Adresse Bergisch Gladbach-Bensberg, Kadettenstraße 1 | **Anfahrt** A4, Ausfahrt Bensberg, dann über die Frankenforster Straße nach Bensberg | **Tipp** Vom Schloss zur vorzeitlichen Erdenburg (siehe Seite 28) sind es nur ein paar Hundert Meter.

14_ Der Lösshohlweg

Ein uralter Pfad an der Rochuskapelle

»… durch diese hohle Gasse muss er kommen«, sagt Wilhelm Tell in Friedrich Schillers berühmtem Drama. Kurz darauf kommt er tatsächlich, der tyrannische Landvogt Gessler, und Tell erschießt ihn. So weit, so klar, aber was hat man sich eigentlich unter einer »hohlen« Gasse vorzustellen?

Der kleine, steile Weg zwischen dem Oberlerbacher Hof und der Rochuskapelle in Bergisch Gladbach-Sand gibt ein schönes Beispiel für einen typischen Lösshohlweg ab. Löss ist eine Art »Lockergestein«, ein Sediment, das vom Wind getragen und vor allem in mittleren Breiten abgelagert wurde. Lössboden ist porös, reich an Mineralien und deshalb besonders fruchtbar. Führt jedoch nun ein Handelsweg über solch einen luftigen Untergrund, so wird dieser mit der Zeit verdichtet und senkt sich ab. Weil der Boden zugleich wasserundurchlässig wird, sorgt jeder starke Regen für Erosion und fördert damit die Bildung der Senke. Die Wände zu beiden Seiten wurden also keineswegs, wie man annehmen könnte, künstlich aufgeschüttet, sondern bilden das einstige Oberflächenniveau. Die Pfade wuchsen, aber kurioserweise wuchsen sie nach unten.

Viele Hohlwege stammen bereits aus der Römerzeit, und einige erreichen enorme Tiefen von bis zu acht Metern. Eine militärische Sonderform bilden sogenannte »gedeckte Hohlwege«: Indem man Bäume quer über die Furt legte, konnten Fuhrwerke oder Truppen für Feinde unsichtbar vorankommen.

In den vergangenen Jahrhunderten fielen Tausende von Hohlwegen Flurbereinigungen zum Opfer. Andere wuchsen zu oder wurden durch wilden Müll nivelliert. Der erhaltene Lösshohlweg in Gladbach gewinnt zusätzliche Attraktion durch sein Start- und Zielgebiet. Während Oberlerbach mit charmanter Abgeschiedenheit glänzt, besticht die Rochuskapelle am Nordostende durch ihr historisches Fachwerk. Gestiftet wurde sie 1690 von Johann Philipp von Leers als Hoffnungsstätte gegen die seinerzeit grassierende Pest.

Adresse Bergisch Gladbach-Sand | **Anfahrt** Bergisch Gladbacher Straße (L286) bis Hebborn/Heidkamp, dort rechts auf die Sander Straße (L329). Nach rund zwei Kilometern liegt rechts die Rochuskapelle. | **Öffnungszeiten** Die Kapelle kann nur durch die Fenster besichtigt werden. | **Tipp** Von Oberlerbach führen verschiedene Wald- und Wiesenwege in einem Süd-Südost-Bogen zurück zur Kapelle.

15 Die Motte Kippekausen

Des bösen Kipphäusers Ruine

Der Refrather Burgplatz hat nun wirklich nichts Anheimelndes. Gesäumt wird er von schlichten, bis zu sechs Stockwerke hohen Mietskasernen, und mittendurch zieht sich eine flache Geschäftszeile. Was man Anfang der 1960er Jahre einmal für modernen Wohnungsbau hielt, steht jedoch auf historischem Grund. Denn rund tausend Jahre früher wurde hier jene Festung angelegt, deren ruinöse Reste noch heute zu bestaunen sind.

Eine Motte meint in unserem Fall kein Insekt, sondern einen Erdhügel, das Wort stammt vom lateinischen »mota« und dem französischen »la motte« = Klumpen, Erdsode ab. Im Zusammenhang mit Verteidigungsanlagen benutzt man den Ausdruck für künstlich aufgeschüttete Erhebungen, aus denen Wehrtürme und Wohngebäude herauswachsen. Historiker vermuten, dass der Bau in Zusammenhang mit Wanderbewegungen der Normannen stehe.

Ein Besitzer der Motte Kippekausen wird erstmals 1404 in einer Kölner Urkunde erwähnt. Er hieß Heinrich von Merheim und war Kanoniker des Stiftes von St. Gereon. Die Refrather Motte diente wahrscheinlich als schützender Vorposten der großen Bensberger Burg. Ihren bis heute existierenden Wassergraben speiste man aus dem nördlich vorbeifließenden Saaler Mühlenbach. Das Gebäude war bis in das 16. Jahrhundert hinein bewohnt, bevor es verfiel. Das dazugehörige Gut Kippekausen, ein großer Fachwerkhof, wurde 1965 zugunsten der Neubebauung abgerissen.

Um den Kipphäuser, einen ehemaligen Bewohner der Burg, ranken sich im Refrather Raum eine Reihe von durchweg schaurigen Sagen. Kibicho, wie er wohl ursprünglich hieß, war ein garstiger Ritter, der sein Geld verprasste und seine Untertanen drangsalierte. Eines Tages wurde er ermordet, und seither findet sein Geist keine Ruhe, streift umher und fragt einen jeden Passanten, ob er auf Erlösung hoffen dürfe. Die stets abschlägige Antwort quittiert der Kipphäuser mit entsetzlichem, ohrenbetäubendem Wehgeschrei.

Adresse Bergisch Gladbach-Refrath, Burgplatz | **Anfahrt** A4, Ausfahrt Refrath, dann rechts auf die Olpener Straße (B55), in Refrath links auf die Vürfelser Kaule und rechts in den Siebenmorgen | **Tipp** Ein weiteres interessantes Gebäude in Refrath ist das 1712 errichtete Haus Steinbreche direkt an der Dolmanstraße.

16 Die Schlade

Ein urzeitliches Korallenriff

Im Schatten der vielbefahrenen Bundesstraße 506 führt ein kleiner Asphaltweg durch den Wald bei Bergisch Gladbach. »In der Schlade« heißt diese schmale Schneise, die serpentinenreich durchs Tal verläuft. Die Schlade, das ist ein alter Steinbruch, der bis ins letzte Jahrhundert hinein vor allem dem Kalkabbau diente. Heute erstreckt sich hier beiderseits der Straße ein geologischer Lehrpfad, der spektakuläre Aufschlüsse über die Erdentwicklung der Region seit dem Devon-Zeitalter gibt.

Die Geschichte der Bergisch Gladbach-Paffrather Kalkmulde reicht rund 400 Millionen Jahre zurück. Heutzutage geht man davon aus, dass damals beim Zusammenstoß mehrerer Erdplatten ein gigantischer Nordkontinent entstand. Bis vor 360 Millionen Jahren bildete das heutige Bergische Land die Südküste dieses Gebietes. Das Klima war tropisch, an der Küste und vor den zahlreichen Inseln dieses Flachmeeres bildeten sich Korallenriffe. Und diese Riffe bestehen aus dem Skelettmaterial jener Tiere, dessen Festigkeit sich vor allem einem Stoff verdankt: Kalk.

Wer heutzutage die Schlade erwandert, darf sich fühlen wie ein kleiner Jacques Cousteau. Überall stößt der Betrachter auf Spuren des urzeitlichen Meeres, unterstützt durch die ausführlichen Informationstafeln des Lehrpfades. Es ist eine sonderbare Vorstellung, dass hier einst eine warme Brandung ans Ufer stieß und dabei jene Korallen zu Sand zermahlte, der sich später mit anderen Gesteinsmaterialien zu Felswänden zusammenschloss. Schon seit Jahrhunderten zieht die Mulde Geo- und Paläontologen aus aller Welt an. Fossilien aus Bergisch Gladbach waren stets begehrte Sammlerstücke und werden in zahlreichen Standardwerken beschrieben. Zur Vollendung der Schönheit dieses Tals fehlt eigentlich nur noch ein Bachlauf. Aber da ist wiederum der Kalk vor. Wegen seiner Löslichkeit suchen sich die Wasser hier einen unterirdischen Lauf und sammeln sich nicht selten in großen Höhlen.

Adresse Bergisch Gladbach, zwischen Hebborn und Romaney, In der Schlade | **Anfahrt** A4, Ausfahrt Bensberg, dann über Refrath nach Bergisch Gladbach und Hebborn. Die Schlade verläuft direkt unterhalb der B506. | **Tipp** Im Bürgerhaus »Bergischer Löwe« am Konrad-Adenauer-Platz präsentiert Bergisch Gladbach seine städtische Fossilien-sammlung unter anderem mit Fundstücken aus der Kalkmulde (siehe Seite 30).

17 Strundequelle und Zwergenhöhle

Von fleißigen Kobolden und einem ebensolchen Bach

Die Strunde entspringt einer Karstquelle, das heißt, hier tritt das Wasser eines hohlraumreichen Untergrundes an die Oberfläche. Dem Besucher bietet sich ein faszinierendes Schauspiel: Aus sandigem Boden steigen Blasen auf, die sich wie Perlenketten nach oben ringeln. Mal geschieht dies in gleichmäßigem Rhythmus, mal so eruptiv, dass man das Ploppen hört, mit dem sich das Wasser Bahn bricht. Eine Inschrift besagt: »Sprudelt, Segen bringende Quellen, Die ihr speiset die fleißige Strunde«, und hinsichtlich ihres Arbeitseifers gilt die Strunde tatsächlich als vorbildlich. Nicht weniger als 36 Mühlen betrieb sie einst gleichzeitig, was den bergischen Schriftsteller Vinzenz Jakob von Zuccalmaglio (siehe Seite 146) dazu veranlasste, sie zum »fleißigsten Bach Deutschlands« zu erklären.

Ein bisschen verwirrend ist die Tatsache, dass diese Quelle an einem offensichtlich weiter oben entspringenden Bach liegt, also nicht eigentlich als Ursprungsort daherzukommen scheint. Aber hier muss man sich an die Mythologie halten. Früher, so will es der Volksglaube, lebten hier hilfreiche Zwerge, ähnlich den Kölner Heinzelmännchen. Als sie einst ihre Kühe auf einer Weide am östlichen Ortsausgang grasen ließen, vertrieb sie der geizige Müller, dem das Land gehörte. Im Gegenzug ließen die Geister jene Quelle versiegen, mit deren Wasser die Mühle betrieben worden war. Und seitdem entspringt die Strunde eben weiter unten im Tal.

Die Behausung jedoch, in der die Kobolde einst lebten, ist heute noch zu besichtigen. Versteckt in einem urigen Buchenwald mit zum Teil gigantischen offenliegenden Wurzeln, findet sich die Herrenstrunder Zwergenhöhle. Der Eingang in die Dunkelwelt ist allerdings mit einem massiven Gitter verschlossen. Denn statt Zwerge leben hier inzwischen Wesen wie das Große Mauseohr und das Braune Langohr, mithin: ruhebedürftige Fledermäuse.

Adresse Bergisch Gladbach-Herrenstrunden | **Anfahrt** A4, Ausfahrt Moitzfeld, dann über Moitzfeld und Herkenrath nach Herrenstrunden. Strundequelle: links der Kirche circa 100 Meter dem Bachlauf folgen. Zwergenhöhle: gen Osten hinter dem Rosenthaler Weg erster (asphaltierter) Feldweg links, direkt rechts in den Waldweg und hinter dem Bilderstock links dem Trampelpfad circa 150 Meter in den Wald folgen. | **Tipp** Der Ausflug lässt sich mit einer Begehung der Paffrather Kalkmulde verbinden (siehe Seite 40), zumal sie mit der Zwergenhöhle geologisch verwandt ist.

18__ Die Beier-Anlage

Eine traditionsreiche Domäne des Vorgebirges

Das Beiern (oder Bammschlagen) lässt sich im nordwestlichen Europa schon für das 14. Jahrhundert belegen. Die Technik: Mittels Seilen werden die Glockenklöppel nah am Mantel fixiert, sodass sie sich per Hand- oder Fußhebeln bedienen lassen. Das Anschlagen der Glocken erfolgt nach überlieferten Rhythmen, die wie auch die dazugehörigen Verse ganz und gar unkirchlich daherkommen können. Relativ bekannt ist etwa das folgende Liedchen: »Bim Bam Beier, de Köster mach kenn Eier. Wat mach he dann? – Speck en de Pann. Oh du leeve Köstermann.«

Noch heute wird dieser seltsame Brauch in Frankreich und den Niederlanden, aber auch in Skandinavien betrieben. Besonders eifrig beiert man jedoch im deutschen Rheinland und dort wiederum vor allem im Vorgebirge zwischen Köln und Bonn. Und wenn man einen Beier-Experten fragt, wo das Epizentrum dieser Tradition liegt, dann verweist er einen in die Ortschaft Brenig bei Bornheim. Denn während andernorts die Bammschlägerei nach dem Zweiten Weltkrieg einschlief, machte man sich in Brenig bereits 1947 wieder an die nicht ungefährliche Arbeit.

Das Wort »Beiern« hat nichts mit dem Land Bayern zu tun, im Gegenteil: Ausgerechnet dort hat diese Tradition überhaupt keine Wurzeln. Stattdessen kommt der Begriff aus dem Französischen, wo mit dem Verb »baier« das Bellen/Anschlagen des Hundes bezeichnet wird. Nicht umsonst werden beim Beiern ja auch die Glocken »angeschlagen«.

Ein veritables Problem stellte für die Beiersleute stets das Üben dar, konnte man doch die Mitbürger nicht durch womöglich alltägliches Glockengebimmel belästigen. Eine beliebte Alternative war die Probe mit auf die Glocken abgestimmten Weinflaschen und Tischmessern statt der Klöppel. Die Vorteile liegen klar auf der Hand: Die Lautstärke hält sich in Grenzen, und für die tonale Justierung der Flaschen dürfen selbige erst einmal entsprechend geleert werden.

Adresse Bornheim-Brenig, St.-Evergislus-Kirche, Haasbachstraße 2 | **Anfahrt** A555, Ausfahrt Wesseling, dann auf der Siebengebirgsstraße (L192) über Bornheim nach Brenig | **Öffnungszeiten** Gebeiert wird in Brenig zwischen Ostern und Pfingsten jeweils samstagabends und sonntagmorgens sowie an besonderen Feiertagen (Firmung, Kirmes, Fronleichnam und andere). Genaueres siehe www.sanktevergislus.de | **Tipp** Die imposante St.-Evergislus-Kirche gilt als »Dom des Vorgebirges«. Gebeiert wird allerdings auch in anderen Kirchen des Köln-Bonner Raumes. Eine Übersicht bietet die Homepage www.beiern.de.

19__ Die Chronogramme

Zahlenspiele auf Lateinisch

An der Herseler Rheinstraße, zwischen der ehemaligen und der neuen Kirche St. Aegidius, steht ein unscheinbares Steinkreuz. Auch die Inschrift macht nicht viel her: Christo dabat Clemens, steht darauf, das bedeutet soviel wie »Clemens weihte (dieses Kreuz) Christus«.

Spannend wird diese Steinmetzarbeit jedoch dadurch, dass hier mehrere Buchstaben durch ihre Größe herausgestellt sind, und zwar das C, das I, das D, noch mal das C, das L und das M. Allesamt, darauf wird schnell kommen, wer einmal Latein gelernt hat, sind dies römische Zahlzeichen. Und wer sie addiert, erhält die Jahreszahl der Aufstellung dieses Kreuzes: 100 + 1 + 500 + 100 + 50 + 1000 = 1751. Ein solches Zahlenspiel nennt man Chronogramm.

Beliebt war diese kleine Chiffriermaßnahme vor allem im Barockzeitalter, also vornehmlich im 17. Jahrhundert. Damals fanden auch die Künste, allen voran die Literatur, Spaß an jeder Art von intellektuellem Versteckspiel, zum Beispiel in Form von Akrostichen oder Anagrammen.

Chronogramme bilden keine echte Seltenheit. Gerade im katholischen Erftkreis finden sich noch diverse. Im kleinen Rheinort Hersel jedoch liegen zwei Exemplare in unmittelbarer Nachbarschaft, und beide gehen auf den Kurfürsten Clemens August (siehe auch Seite 64) zurück. Denn rechts neben dem erwähnten Clemenskreuz wächst die alte Barockkirche in den Himmel, die heute als Aegidiussaal zur erzbischöflichen Ursulinenschule gehört. Die Inschrift des Tympanons über dem Hauptportal besagt: »sVb praesIDIo CLeMentIs AVgVstI eXaLtatVr rVrsVs« (übersetzt etwa: Unter dem Schutz von Clemens August abermals erbaut). Die Summe der gefetteten Großbuchstaben ergibt das Jahr 1744, in dem St. Aegidius als Ersatz für einen zerstörten Vorgängerbau errichtet wurde. Anlass für ein Chronogramm unserer Tage lieferte im Übrigen die Papstwahl Joseph Ratzingers im Jahr 2005, nach der es in manchen Gazetten hieß: »habeMVs papaM«.

SVB
PRÆSIDIO
CLEMENTIS·AVGVSTI
EXALTATVR·RVRSVS

Adresse Bornheim-Hersel, Rheinstraße 204 | **Anfahrt** A555, Ausfahrt Bornheim | **Tipp** Man beachte den für die Region untypischen Zwiebelturm des Aegidiussaals. Ein weiteres Chronogramm findet sich im nördlichen Nachbarort Uedorf an der Ecke Bornheimer und Heisterbacher Straße.

Christo
Dabat
CLeMens

20 Der Friedensweg

… und der »Rebell vom Vorgebirge«

Der »Heimatblick« auf dem Vorgebirgskamm über Alfter war jahrzehntelang ein beliebtes Ausflugsziel. Hier reicht der Blick über das Rheintal bis ins Siebengebirge. Seit Ende 2009 jedoch ist dieses Traditionslokal geschlossen, und unter den Händen des neuen, privaten Investors drohte auch ein einzigartiger Kreuzweg zu verschwinden. Erst nach starken Protesten der Bevölkerung ging der direkt unterhalb des Heimatblicks verlaufende »Friedensweg« als Schenkung an den Alfterer Förderverein »Haus der Geschichte«.

Der steile Pfad war 1978 von Wilhelm Maucher (1903–1993) angelegt worden. Er besteht aus zehn flach auf dem Boden liegenden »Gebotssteinen«, die in vielerlei Hinsicht recht ungewöhnlich daherkommen. Zum einen ist da die ausgesprochen selbstbewusste Adressierung an »alle Politiker und Machthaber dieser Erde«. Zum anderen sind es die Gebote selbst, die in ihrer pazifistischen Radikalität wohl nicht einmal mehr auf einem Grünen-Parteitag diskutabel wären. Da geht es ebenso gegen das »Wettrüsten« und die »Volksverdummung durch Massenmedien« wie gegen jede »Unrechtsjustiz« und die »Milliarden-Steuerverschwendung«. Und zum Abschluss wird deklariert, dass nur »absolute Pazifisten und Deserteure« als »wahre Helden für den Frieden« bezeichnet werden können.

Wilhelm Maucher, den man auch den »Rebell vom Vorgebirge« nannte, war ein Unikum, ein streitbares zudem. Bereits 1945 hatte er die rechts des Wegs gelegene Statue des Segnenden Christus anfertigen lassen. Durch die Positionierung hoch über dem Tal und mit ihren ausgebreiteten Armen erinnert die Figur stark an die weltbekannte Jesusstatue über Rio de Janeiro. Die Finanzierung seiner Friedensaktivitäten verdankte Maucher nicht zuletzt einer Idee, auf die ihn der einstige Wirtschaftsminister Ludwig Erhard gebracht hatte: die Verarbeitung überschüssiger Früchte zu Brombeerwein. Unter dem Namen »Rebellenblut« ist er bis heute eine überregionale Spezialität.

Adresse Auf der Grenze von Bornheim und Alfter | Anfahrt A555, Ausfahrt Bornheim und über Roisdorf nach Alfter. Dort über den Buchholzweg der Ausschilderung »Herrenhaus Buchholz« folgen. Wenn die Christusstatue in Sicht kommt, liegt rechts der kleine Parkplatz des Jüdischen Friedhofs. | Tipp Der seit 1987 unter Denkmalschutz stehende Jüdische Friedhof von Alfter wurde erstmals 1719 urkundlich erwähnt.

21_ Heinrich Bölls Grab

Ein bunter Kontrapunkt im Friedhofsgrau

Es ist nicht leicht zu finden, das Grab des Kölner Nobelpreisträgers. Weder ist der kleine Bergfriedhof im Osten von Merten ausgeschildert, noch existiert dort ein Hinweis auf den berühmtesten Toten des Ortes. Aber mit ein bisschen Suchen findet man das Doppelgrab von Annemarie und Heinrich Böll, das zugleich schlicht und doch ungewöhnlich daherkommt.

Schlicht, weil es aus einem grazilen gusseisernen Konstrukt besteht. Drei Beine verbinden sich zu einem das Kreuz tragenden Ständer, der umgeben ist von der Sonne, verschiedenen Planeten und dem geschweiften Stern von Bethlehem. Ungewöhnlich jedoch ist dieses Grabmal durch seine Farbgebung. Denn zwischen dem üblichen Grau und Schwarz der Friedhofssteine sticht es als kunterbunte Skulptur heraus. Rot, blau, goldgelb und weiß leuchten die Böll'schen Applikationen und setzen so einen lebhaften Kontrapunkt. Rechts und links des Kreuzes liegen die beiden schmalen Steine mit den handschriftlich eingemeißelten Namenszügen der Toten.

Böll und seine Frau waren im Jahr 1982 ins Vorgebirge gezogen. Die Gründe: Hier wohnte bereits der Sohn René, und im neuen Haus musste Heinrich im Gegensatz zu seinem Kölner Wohnsitz keine Treppen mehr steigen. Der Schriftsteller war zu jener Zeit bereits gesundheitlich ziemlich angeschlagen. Sein starker Zigarettenkonsum hatte zu Durchblutungsproblemen geführt, Böll drohte ein Bein zu verlieren. Mit dem Umzug überwand er auch eine deprimierende Schreibblockade und begann mit neuen Projekten.

Inzwischen ist es recht still geworden um das Grab des 1985 gestorbenen Merteners. Anfangs seien hier alle möglichen Ehrenbezeugungen abgelegt worden, erzählen die Friedhofsgänger. Sogar eine Trompete habe man gefunden. Als Kölner Ehrenbürger erhält Böll immerhin regelmäßigen Besuch von Kölner Stadtvertretern, die hier einen Kranz niederlegen. Und im Dorfkern von Merten ist, genau wie in der Domstadt, ein Platz nach ihm benannt.

Adresse Bornheim-Merten, Bergfriedhof an der Auelsgasse | **Anfahrt** A553 bis Abfahrt Bornheim, dann über die L183 bis Merten | **Tipp** Neben der Friedhofskapelle mit romanischem Chor ist ein kleiner, podestartiger Stein an der Auelsgasse bemerkenswert. Ab 1762 wurden hier auf kurfürstliches Dekret hin öffentliche Bekanntmachungen verkündet.

22 Der Hexenturm

Walberbergs weißes Wahrzeichen

Das Wahrzeichen von Walberberg liegt ruhig und erhaben über dem Dorf, umgeben von Gärten und dem örtlichen Friedhof. Seine Existenz verdankt es einem Preußen. Nicht ursprünglich natürlich, denn erbaut wurde es bereits im ausgehenden 12. Jahrhundert. Damals mag der Hexenturm als Bergfried einer Burg gedient haben. Möglicherweise war er jedoch von Beginn an ein Solitärbau, errichtet als über das Dorf erhobenes Wohnhaus eines Machthabers.

Als im Jahr 1857 der Walberberger Pfarrer Adolph Löhr die Ruine erwarb, schien ihr letztes Stündlein geschlagen zu haben. Löhr wollte den »Schandfleck« dem Erdboden gleichmachen und die Steine für den Bau einer Kirchhofsmauer verwenden. Das Material für seinen Plan wäre jedenfalls standhaft genug gewesen, denn immerhin besteht der Turm hauptsächlich aus Gussbetonquadern der alten römischen Eifelwasserleitung. Und auch die Zustimmung der durchweg ländlichen Bevölkerung war dem Pfarrer sicher, hausten doch in dem nach oben hin offenen Bauwerk mehrere Hundert Dohlen, die den umliegenden Feldern große Schäden zufügten. Dass es dennoch nicht zu einem Abriss kam, liegt am Preußenkönig Friedrich Wilhelm IV. Nachdem ihm der Plan zu Ohren gekommen war, verfügte er den Ankauf sowie eine großzügige Sanierung des Gebäudes.

Auch heute regieren im Hexenturm vor allem die Vögel. Während die unteren beiden Etagen des 21 Meter hohen Turmes begehbar sind, werden die oberen von Wanderfalken, Eulen und anderem Federvieh bevölkert. 2006 spendierte das Land NRW als Rechtsnachfolger der Preußen rund 120.000 Euro für eine neuerliche Sanierung, nach der sich das Gebäude am Vorgebirgshang wieder in edelschlichtem Weiß präsentiert.

Seinen Namen erhielt der Hexenturm übrigens erst im 19. Jahrhundert, möglicherweise um den Tourismus anzukurbeln. Jedenfalls gibt es keinerlei historische Quellen, die hier ein ehemaliges Hexenverlies verorten.

Adresse Bornheim-Walberberg, Walburgisstraße (hinter der Kirche) | **Anfahrt** A553 bis Abfahrt Bornheim, dann Richtung Walberberg | **Öffnungszeiten** Der Turm ist nur von außen zu besichtigen. | **Tipp** Westlich von Walberberg beginnt die grüne Ville, nahebei liegen der Berggeist- und der Lucretiasee (siehe auch Seite 60).

23 Der Roisdorfer Brunnen

2.000 Jahre rheinisches Mineralwasser

Im Jahr 2008 wäre es beinahe aus gewesen mit dem Roisdorfer Wasser. Haarscharf schrammte das Unternehmen am Ruin vorbei. Wer deswegen nur mit den Schultern zuckt, der vergisst: Hier wären sang- und klanglos zwei Jahrtausende rheinischer Quellwassergeschichte zu Ende gegangen.

Denn schon die Römer nutzten die Roisdorfer Quelle, wie man durch Münzfunde im Brunnenschacht nachweisen konnte. Für das Jahr 1445 ist der »sure Born« urkundlich belegt, wobei »sauer« hier mit »mineralstoffreich« übersetzt werden muss. Als der eigentliche »Entdecker« des Roisdorfer Quellwassers gilt der Duisburger Medizinstudent Franz Wilhelm Kaulen. Dieser nämlich schrieb im Jahr 1774 seine Doktorarbeit über den Roisdorfer Brunnen, in der er zu dem Schluss kam, dass dieses Wasser auf eine Stufe mit den edelsten seiner Art zu stellen sei. Für Roisdorf kam die Untersuchung zur rechten Zeit, erlebte der Absatz von Mineralwasser doch gegen Ende des 18. Jahrhunderts einen echten Boom. Wer immer über eine Mineralquelle verfügte, baute einen Kurort drum herum und pries sein Wasser als das gesündeste von allen an. Auch die wissenschaftlich fundierte Propaganda für den Roisdorfer Brunnen zeigte Wirkung: Am 1. Januar 1775 begann man mit der systematischen Abfüllung und Vertreibung des Brunnenwassers.

Der heute etwas verloren wirkende Brunnenpavillon neben dem Fabrikgebäude wurde im Oktober 2009 neu eingeweiht. Sein Vorgänger ist bereits auf Stichen des frühen 19. Jahrhunderts zu sehen, damals diente er dem Schutz der Quelle. Mit ein wenig Phantasie kann man ihn als Reminiszenz an den einstmals regen Kurbetrieb in Roisdorf verstehen. Immer zahlreicher wurden die Kurgäste, es galt als besonders heilsam, das Quellwasser direkt vor Ort zu genießen. Und schon 1838 konnten die lokalen Pensionen nicht mehr alle Gäste aufnehmen, unter denen sogar, so eine zeitgenössische Quelle, »15 ausländische Individuen« weilten.

Adresse Bornheim-Roisdorf, Ecke Brunnenallee und Brunnenstraße | **Anfahrt** A553 bis Abfahrt Bornheim, dann über die L183 bis Roisdorf, dort rechts in die Brunnenallee | **Tipp** Direkt am kleinen Brunnenpark entlang fließt der von einem Spazierweg gesäumte Roisdorfer Bach.

24— Die Finanzgeschichtliche Sammlung

Ein Museum zur Historie der Steuern

Leben mehrere Menschen zusammen in einem Verbund, müssen öffentliche Gelder her – für die Feuerung des gemeinsamen Backhauses, für Schulen und für die Besoldung von Beamten, Soldaten oder Putzfrauen. Seit Urzeiten unterhielten Herrscher deshalb ein organisiertes Finanzwesen in Form von Steuern, Zöllen oder auch Tributen von geschlagenen Gegnern. Schon bei den alten Ägyptern waren einige Erhebungsmethoden extrem ausgeklügelt, darunter etwa die Berechnung der Erntesteuer. Dafür nämlich waren in die Nilmauer Schächte integriert, die in Verbindung mit einer Skala das Ausmaß der alljährlichen Überschwemmungen messbar machten. Je höher das Wasser, desto mehr fruchtbarer Schlamm ergoss sich über die Felder. Und desto reichhaltiger war dementsprechend die abgabepflichtige Ernte.

Was sich zunächst höchst dröge anhört, gewinnt im Brühler Museum dank zahlreicher Exponate und einer systematischen Aufarbeitung an Farbe. Historische Dokumente, Karikaturen und Gerätschaften veranschaulichen eine Zeitspanne von 4.000 Jahren, in denen sich die Methoden der wechselnden Obrigkeiten stetig verfeinerten. Hierzulande einschneidend war die Gründung des Deutschen Zollvereins im Jahr 1834. Das unter preußischer Führung agierende Bündnis synchronisierte das zuvor verwirrende fiskalische Kleinstaatengeflecht und beschleunigte die Entwicklung eines nationalen Binnenmarktes. Vollendet war diese Einigung jedoch erst 1888, also nach der Reichsgründung, als schließlich auch die Hansestädte Hamburg, Bremen und Lübeck dem Zollverein beitraten. Auseinander driftete das deutsche Steuersystem dann wieder nach dem Zweiten Weltkrieg. Die Verstaatlichungen in der DDR überführten sämtliche großen Fabriken und Institutionen in Volkseigentum, die Löhne wurden vereinheitlicht. Das Steuerwesen gestaltete sich daraufhin derart übersichtlich, dass die Finanzämter bereits 1952 abgeschafft werden konnten.

Adresse Brühl-Heide, Willy-Brandt-Straße 10 (Bundesfinanzakademie) | **Anfahrt** Luxemburger Straße bis Brühl-Heide, dort links in die Theodor-Heuss- und rechts in die Willy-Brandt-Straße | **Öffnungszeiten** Mo–Do 8.30–16, Fr 8.30–14.30 Uhr | **Tipp** Anschließend lohnt sich ein Spaziergang um den direkt nebenan gelegenen Heider Bergsee.

25___ Der Kaiserbahnhof
Blaublütige und Briketts

Lange Jahre war der ehrwürdige Kaiserbahnhof ein Wrack. Einst das prächtigste Gebäude entlang der Bahnlinie Köln–Trier, verfiel es zu Beginn dieses Jahrtausends immer mehr, bevor sich 2008 endlich ein Investor fand.

Ursprünglich diente die Kierberger Station als Haltepunkt für die Eifelbahn. Hier wurde Eisenerz aus den Gruben der Eifel transportiert, später verlud man in Kierberg auch die Briketts, die in der Brühler Roddergrube gepresst worden waren. Blaublütig war hingegen der Besuch, dem das Bahnhofsgebäude von 1875 sein palastartiges Äußeres verdankt. Hier nämlich stieg Kaiser Wilhelm I. samt seiner Gattin Augusta aus, wenn er auf dem Weg zu den regelmäßigen Truppenmanövern in der Eifel war. Über die damalige, 19 Meter breite Kastanienallee (heute Kaiserstraße) gelangte er zum Schloss Augustusburg, wo er die Nacht verbrachte. Erstmals 1877 war die Straße dann gesäumt von Tausenden Schaulustigen aus dem gesamten Kölner Raum, die die Ankunft des Kaiserpaares erwarteten.

Der markante Turm des Gebäudes bot seinerzeit einen hübschen Blick über die Stadt Brühl und die Ebene zum Rhein hinunter. Das gesamte Ensemble ist eingebettet in einen kleinen, feinen Park, der seit der Renovierung vom Bahnhofsgebäude aus wieder über eine Freitreppe erreicht werden kann. Zahlreiche an antiken Vorbildern orientierte Skulpturen zieren die Wege zwischen den einheimischen Linden und Kastanien, die von Exoten wie Magnolie, Zypresse und Ginkgo ergänzt werden. Hier sollte wohl ein Stück Italien ins rheinische Vorgebirge wachsen. Besonders beliebt ist die Dreiergruppe namens »Der Raub der Proserpina«, im Volksmund »Der bläcke Mann« genannt. Die Plastik schildert die Entführung der Proserpina durch Pluto, den Gott der Unterwelt. Niemand weiß heute noch, welcher Meister hier den Meißel führte. Aber man mutmaßt, dass das Kunstwerk einst für die Weltausstellung in Paris geschaffen worden sei.

Adresse Brühl-Kierberg, Kaiserstraße | **Anfahrt** Brühler Landstraße, in Brühl rechts auf die Kaiserstraße | **Öffnungszeiten** Das Bahnhofsgebäude beherbergt im Parterre ein Restaurant (Mo–So ab 17 Uhr geöffnet). | **Tipp** Mehr über Brühls Geschichte als Residenzstadt des Hochadels erfährt man in den Schlössern Augustusburg und Falkenlust (siehe Seite 64).

26_ Das Modderjoddes-kapellche

Ein Wallfahrtsort am Lucretiasee

Der Legende nach fand einst ein Badorfer Förster unter einer Hainbuche ein Muttergottesbildchen. Er nahm es mit nach Hause, aber anderntags war es verschwunden. Wiederum ging der Mann zu besagter Buche, fand das Bild und hob es auf. Nachdem sich der seltsame Vorgang jedoch dreimal wiederholt hatte, ging der Förster zum Pfarrer. Auf dessen Empfehlung hin wurde dann ein erstes, einfaches Heiligenhäuschen an der Fundstelle errichtet. Bald schon pilgerten die Menschen der umliegenden Gehöfte zum magischen Marienbild. Der Ort erhielt den Namen »Modderjoddeskapellche«, und hier geht dann auch die Legende in die Wirklichkeit über.

Als 1862 der noch heute bestehende Birkhof erbaut wurde, musste dafür ein großes Waldgebiet gerodet werden. Das Heiligtum stand plötzlich einsam auf weiter Flur und fand deshalb ein paar Hundert Meter weiter ein neues Heim. 1894 jedoch begann auch in den Gruben Berggeist und Lucretia der Braunkohletagebau, der 1910 zum Abriss der Kapelle führte. Zwei Jahre später stifteten die Grubenbesitzer das neogotische Backsteinbauwerk. Bis heute ist es für die Gläubigen der Region ein beliebtes Pilgerziel. So wallfahren hierhin schon seit 1948 die katholischen Männer, um für Frieden, Arbeit und Gesundheit zu beten. 1952, als die vom Brühler Bildhauer Wilhelm Tophinke (1892–1961) geschaffene Pietà eingeweiht wurde, zählte man 1.200 Wallfahrer.

Dass direkt auf der anderen Seite der A553 die futureske Welt des Phantasialandes beginnt, mutet angesichts der Waldeinsamkeit am Modderjoddeskapellche verblüffend an. Die nach der Auskohlung renaturierten Gruben wurden zum Lucretia- und Berggeistsee. Beide stehen unter Naturschutz und verfügen über romantische Uferwege. Das Gut Birkhof schließlich beherbergt heutzutage ein Pferdegestüt und ein gutbürgerliches Restaurant mit Biergarten.

Adresse Brühl-Badorf, Am Birkhof (dort auch ein großer Waldparkplatz) | **Anfahrt** Über A553 und Phantasialandstraße | **Öffnungszeiten** Die Kapelle ist tagsüber geöffnet. | **Tipp** Gen Norden erstreckt sich die waldreiche Ville, das ehemalige Braunkohlerevier, mit ihren zahlreichen Seen.

27 __Das Museum für Alltagsgeschichte

Vom einfachen Leben in der Schloss-Stadt

Man muss diesen Namen sehr wörtlich nehmen: Museum für Alltagsgeschichte. Denn hier werden keine Kunstobjekte präsentiert, sondern solche des gemeinen Alltags. Betritt man diese Räume, wird man fast erschlagen von der Fülle der Gegenstände. Krempelsvoll sind die Zimmer, und das Arrangement der zahllosen Ausstellungsstücke scheint keinem kuratorischen Prinzip zu folgen. Da hängen historische Urkunden an der Wand, und auf dem Heizkörper lehnen ein paar Bilder. Darüber schmiegt sich eine alte Mistgabel ans Fenster, die nach unten hin neben einem undatierten Stuhl endet, auf den eine grafische Darstellung des mittelalterlichen Brühl drapiert ist. Und während auf dem Boden alles mögliche Handwerkszeug und verschiedene Haushaltsgegenstände verstreut sind, hängt irgendwo an der Wand ein Foto von Exbundespräsident Johannes Rau im Umfeld von Zeitungsausschnitten zur Massentierhaltung. Mit anderen Worten: Dieses Museum erinnert an die Wohnung eines manischen Sammlers, der sich hier scheinbar seinen ganz persönlichen Vorlieben gemäß eingerichtet hat.

Tatsächlich entfaltet dieser Ort schon bald nach dem Eintritt eine sehr private Atmosphäre. Beinahe glaubt man im nächsten Moment Kaffee und Kuchen gereicht zu bekommen – wobei es dann schwierig würde, einen freien Platz zum Konsumieren zu finden. Zum durchweg intimen Eindruck trägt nicht zuletzt auch das Haus bei, in dem man hier wandelt. Der 1744 errichtete Fachwerkbau ist der älteste in ganz Brühl. In solchen Räumen haben einst die einfachen Leute gewohnt, und mit diesem Gedanken bekommt das Alltagsmuseum einen weiteren Dreh: Hier wurde mit der Eröffnung 1995 ein sozialer Gegenentwurf intendiert, immerhin ist die Schloss-Stadt Brühl zugleich Hort der kurfürstlichen Prachtbauten Augustusburg und Falkenlust. Hier wurde also, wie es der Gründer Günter Krüger formulierte, »den Namenlosen ein Denkmal gesetzt«.

Adresse Brühl, Kempishofstraße 15 | **Anfahrt** B51 nach Brühl, das Museum liegt in der Altstadt. Parkmöglichkeiten sind ausgeschildert. | **Öffnungszeiten** Mi und Sa 15–17, So 11–13 und 15–17 Uhr | **Tipp** Schräg rechts gegenüber liegt das Brühler Keramik-museum mit seinen Töpferwaren aus neun Jahrhunderten.

28_ Schloss Falkenlust

Clemens August und der Trendsport

Falkenlust ist so etwas wie der kleine Bruder des großen Schlosses Augustusburg. Normalerweise liegen Haupt- und Lustschloss in einer Sichtachse zueinander, aber im Falle der Brühler Prunkanwesen musste von dieser Regel abgewichen werden. Warum? – Wegen der Reiher natürlich!

Dazu muss man wissen, dass die Falkenjagd auf Reiher unter den Besserverdienenden des 18. Jahrhunderts der Trendsport Nummer eins war. Und für den Kurfürsten Clemens August, den Erbauer von Falkenlust, bedeutete die Falkenjagd geradezu eine Passion. Um die durchziehenden Reiher vom eigenen Garten aus beobachten zu können, ließ er sein Jagdschloss direkt unter die Flugschneise der Vögel bauen, und deshalb hat die wunderschöne Allee zwischen Augustusburg und Falkenlust einen Knick.

In seinem Innern wirkt das Schlösschen im Brühler Osten beinahe wie die Räumlichkeit eines pubertierenden Jugendlichen. Wie dieser seine Wände mit Postern seiner Helden und Hobbys zukleistert, so hielt es Clemens August mit den Falken und Reihern. Keine Tapete, keine Kachel und keine Skulptur, die nicht seine Jagdleidenschaft widerspiegelte. Selbst die Deckenecken seines Schlafzimmers im oberen Stockwerk schmücken Jäger und Falken. Wer genau hinsieht, der erkennt: Die vergoldeten Darstellungen über seinem Kopf stellen gute, aufmerksame Jäger dar, die zu seinen Füßen faule.

Clemens August war Bayer, das Aufkommen an blau-weißen Rauten kann mit dem an Falken beinahe mithalten. Die 10.581 Kacheln im Treppenhaus teilen sich die beiden Motive. Und falls sich jemand darüber wundert, dass es im Schloss Falkenlust kein separates Ankleidezimmer für die Frau des Hauses gibt: Clemens August war nicht nur Kurfürst des Heiligen Römischen Reiches, sondern zugleich fast 40 Jahre lang Erzbischof von Köln, somit also ans Zölibat gebunden. Dass er dennoch eine – später geadelte – Tochter hatte, ist wiederum eine andere Geschichte.

Adresse Brühl, Falkenluster Allee | **Anfahrt** A553, Ausfahrt Brühl-Ost, oder A555, Ausfahrt Godorf, jeweils Richtung Brühl. Die Schlösser sind ausgeschildert. | **Öffnungszeiten** Di–Fr 9–12 und 13.30–16, Sa und So 10–17 Uhr. Dezember und Januar geschlossen | **Tipp** Besonders reizvoll ist der Spaziergang vom zentralen Schloss Augustusburg zum etwas außerhalb gelegenen Schloss Falkenlust. Auf modernere Kunst stößt man im Max-Ernst-Museum.

29 Der Wallace-Brunnen

Pariser Flair im Bergischen Land

1871 lag Paris darnieder. Die Belagerung durch die Preußen sowie der verlorene Krieg hatten die Stadt ausgelaugt, die aufreibende Zeit der Pariser Kommune tat ein Übriges. Vor allem Tausende von armen Menschen hatten weder in ihren Wohnungen noch auf öffentlichen Plätzen Zugang zu frischem, trinkbarem Wasser. Und genau hier kommt der philanthropische Engländer Sir Richard Wallace ins Spiel. Der leidenschaftliche Pariser nutzte sein reiches Erbe, um die darbenden Bevölkerungsteile vor Epidemien zu bewahren. Also entwarf er verschiedene Brunnenformen, die bald flächendeckend in der Stadt aufgestellt wurden. Noch heute finden sich 65 Exemplare seines größten Modells, das bekannteste davon steht am Pont Neuf. Kennzeichnend ist jeweils die schlanke, von vier Karyatiden getragene Säule.

Außerhalb von Paris findet man Wallace-Brunnen noch in verschiedenen französischen Städten sowie einigen anderen Ländern. Sogar in Mosambik steht einer. Der Burscheider hingegen ist der einzige seiner Art in Deutschland. Vom örtlichen Fabrikanten Albert Richartz-Bertrams 1903 gestiftet, stand er bis 1965 an der Ecke Höhe- und Altenberger Straße. Nachdem er bei einem Unfall schwer beschädigt worden war, geriet er jedoch in Vergessenheit, bis das weitgehend unversehrte Oberteil im Garten einer Burscheider Bürgerin aufgestellt wurde. Nach ihrem Tod sorgte der Obst- und Gartenbauverein in Eigenarbeit dafür, dass das symbolträchtige Kunstwerk zurück auf einen standesgemäßen Platz fand. Der Brunnen wurde originalgetreu restauriert und im März 2003 feierlich wiedereingeweiht. So rührend diese Geschichte klingt und so formvollendet diese gusseiserne Stele auch daherkommt, hat sie doch einen entscheidenden Makel: Das Wasser wird hier mit einer Umwälzpumpe versprudelt, ist also mithin nicht trinkbar. Wallace' Grundidee wird damit ad absurdum geführt, der englische Menschenfreund würde sich im Grabe herumdrehen.

Adresse Burscheid, Ecke Bürgermeister-Schmidt- und Hauptstraße | **Anfahrt** A1, Aus-
fahrt Burscheid, direkt rechts und wieder rechts auf die Bürgermeister-Schmidt-Straße |
Tipp Südlich von Burscheid in Richtung Altenberg liegt das Bodendenkmal Eifgenburg,
eine Ringwallanlage aus dem 10. Jahrhundert.

30_ Der Geopark

Steine aus 400 Millionen Jahren

Gesteine bestehen aus miteinander verbundenen Mineralien. Granit zum Beispiel setzt sich aus Feldspat, Quarz und Glimmer zusammen. Mineralien wiederum werden von chemischen Elementen gebildet, im Falle von Gold und Silber sogar nur von einem einzigen Element. Basiswissen wie dieses vermittelt der Geopark im Dormagener Ortsteil Delhoven. Schautafeln beschreiben die Entstehung von Gesteinen und Gebirgen sowie die darauf folgenden Verwitterungsprozesse. Und über das kaum hektargroße Areal verstreut versammelt diese informative Anlage zahllose Gesteinsarten der letzten 400 Millionen Jahre.

Bevor man das Gelände vom Parkplatz aus betritt, passiert man bereits eine kleine Schonung mit exotischen Baumarten. Wie der benachbarte Naturerlebnispfad und der Wildpark gehört auch sie zum Naherholungsgebiet Tannenbusch. Noch am Eingang zum Stein-Reservat könnte man meinen, hier lägen lediglich diverse Abbruchbrocken eines einstigen Felsens herum. Aber die Schautafeln vor jedem dieser Findlinge machen klar, dass dort eine ordnende Hand am Werk war. Hier liegt auf engstem Raum ein 360 Millionen Jahre alter Tonschiefer-Solitär aus dem Devon neben einer mit 30 Millionen Jahren vergleichsweise piepjungen Basaltstele aus dem Tertiär. Irgendwo dazwischen entstand wiederum das Solnhofer Plattenkalk-Exponat. Wie alle seine Nachbarn ist es um einen kleinen Hügel samt Ententeich gelagert.

Die meisten der Delhovener Steine haben sich einander über die Jahre farblich angenähert. Moos, Flechten und Bakterien des umliegenden Waldes haben ihnen ihren optischen Stempel aufgedrückt. Auffällig ist jedoch immerhin der rosarot schimmernde Rhyolith aus dem 250 Millionen Jahre zurückreichenden Perm-Zeitalter. Das vulkanische Material sieht mit seinen zahlreichen Einschlüssen häufig aus wie eine virtuos komponierte Wurst. Neben roten ergänzen hin und wieder grüne und graue Farbtöne sein Gesamtbild.

Adresse Dormagen-Delhoven, Im Tannenbusch | **Anfahrt** A57 bis Abfahrt Dormagen, dann auf der L280 gen Delhoven. Der Parkplatz liegt links der Straße vor dem Ortseingang (Schild: »Wildpark Tannenbusch«). | **Tipp** Der Ausflug lässt sich mit einem Besuch des nur zwei Kilometer entfernten Klosters Knechtsteden (siehe Seite 70) verbinden.

31 Das Gnadenbild

Kloster Knechtsteden und seine Wallfahrts-Pietà

Maria und ihr toter Sohn bilden eines der häufigsten Motive der katholischen Kirchengeschichte. Ein volles Gesicht hat sie, das Haar fällt wellig an ihren Wangen herunter. Mit einem durchaus gütigen, aber irgendwie auch skeptischen und jedenfalls nicht übertrieben leidenden Blick schaut sie auf ihren toten Sohn herab. Der Jesus auf ihrem Schoß steht in keinerlei Proportion zu Maria, ist er doch viel kleiner und dürrer als diese. Sein ausgestellter Brustkorb wirkt überzogen, wie Regentropfen fällt sein Blut auf die knochigen Rippen.

Warum ausgerechnet diese gotische Pietà zu einem so außerordentlich beliebten Wallfahrtsort der Christenheit wurde, bleibt ein Geheimnis. Ein Teil ihrer symbolischen Macht mag darin begründet liegen, dass sie, obwohl aus Lindenholz gefertigt, alle Kriegszerstörungen und Feuersbrünste schadlos überstanden hat. Tatsache ist jedenfalls, dass hier alljährlich viele Tausend Menschen hinpilgern und die Gottesmutter um Beistand bitten. Die unter ihr postierten Kerzen sowie ein stets vollgeschriebenes Fürbittenbuch geben davon Zeugnis ab. Wer sich die Einträge ansieht, stößt auf ein sprachliches Sammelsurium aus aller (katholischen) Herren Länder.

Auch die seit 1895 in Knechtsteden residierenden Spiritanermönche verabschieden sich stets betend von ihrer Madonna, bevor sie zu einer Missionsreise aufbrechen. Kunsthistorisch von größerem Wert ist jedoch eigentlich das Deckengemälde in der Westapsis der Basilika. Hier nämlich hat sich eines der ganz wenigen mittelalterlichen Fresken des rheinischen Raums erhalten. Die großformatige Malerei aus der Mitte des 12. Jahrhunderts zeigt Christus als Alleinherrscher, umgeben von Darstellungen der vier Evangelisten, der Apostel und des Kirchenstifters Albert von Aachen. Sämtliche Herren und Wesen scheinen zumindest mit einem Auge nach Osten zu schielen. Denn dort, an einer Säule rechts neben dem Altar, hängt nun mal der große Star des Kirchenraums: die Statue der Schmerzhaften Mutter.

Adresse Dormagen-Delhoven, Kloster Knechtsteden | **Anfahrt** A57, Ausfahrt Dormagen, dann über die L280 (Provinzialstraße) durch Delhoven nach Knechtsteden | **Öffnungszeiten** Täglich 8–18 Uhr | **Tipp** Im Hof vor der Basilika findet sich ein aus dem Mauerwerk optisch kaum hervortretender 14-teiliger Kreuzweg, der von einem mittig postierten Steinsarg als 15. Station abgeschlossen wird.

32 Der Myriameterstein
Rheinkilometrierung im 19. Jahrhundert

Die eigentliche Attraktion liegt in Sichtweite: Kaum 200 Meter landeinwärts ragt der berühmte Turm des Rheintors von Zons auf. Wie kaum eine andere deutsche Stadt hat Zons sich sein mittelalterliches Flair erhalten. Ein Buch wie dieses jedoch, das eher nach den abseitigen, weniger bekannten Orten sucht, führt den Besucher an den Rhein, genauer gesagt zum Flusskilometer 717,480. Dort nämlich, auf der Grenze von Uferkies und Auenwiese, stößt man auf einen grauen Steinquader. Unscheinbar ist er, von Moos und Flechten überzogen und gerade einmal kniehoch. Aber er steht hier schon seit immerhin rund 150 Jahren, der preußische Myriameterstein.

Jeder, der einmal am Rhein spazieren war, kennt die heutige Kilometrierung. Die weißen Betontafeln mit schwarzen Ziffern beginnen bei 0,0 in Konstanz und enden in Hoek van Holland. Kreuze auf weißem Grund markieren die halben Kilometer und schmale weiße Balken die 100-Meter-Abstände. Diese für den kompletten Fluss durchgehende Vermarkung existiert jedoch erst seit 1939, während die erste im Jahr 1863 unter preußischer Ägide begann. Damals startete man in Basel damit, alle 10.000 Meter einen dieser 50 mal 50 Zentimeter dicken Sandsteine ans Ufer zu setzen. Hinter dem Projekt stand vor allem die ZKR, die Zentralkommission für die Rheinschifffahrt. Ziel der 1815 vom Wiener Kongress initiierten, internationalen Organisation bis heute: die Überwachung des Schiffsverkehrs auf dem Rhein.

Nur wenige der Myriametersteine haben sich bis heute erhalten. Wie alle anderen trägt auch der Dormagener an sämtlichen vier Seiten lateinische Zahlenangaben, die jedoch stark verwittert sind. Ursprünglich informierten sie nicht nur über den Rheinkilometer, sondern auch über die Höhe über N.N. und die Entfernung zur seinerzeitigen Landesgrenze. Und wie seine Kollegen flussauf- und -abwärts hatte auch der Dormagener 10.000-Meter-Stein schon nach 20 Jahren, nämlich 1883 ausgedient.

Adresse Dormagen-Zons, Rheinkilometer 717,480 | **Anfahrt** A57, Ausfahrt Dormagen, dann Richtung Zons. Am besten parkt man auf dem Parkplatz Rheintor am Herrenweg. Der Stein steht rund 500 Meter südlich des Fähranlegers. | **Tipp** Dass man, einmal hier, auch Zons besichtigt, versteht sich von selbst.

33 __ Das Treideldenkmal

Als die Kähne noch geschleppt wurden

Schon immer waren Flüsse ideale Transportwege. Jedenfalls solange man mit der Strömung fuhr. Menschen oder Waren flussaufwärts zu befördern, stellte die Kapitäne hingegen vor Probleme. Die Lösung, die schon die Römer fanden, bestand darin, die Schiffe vom Ufer aus zu ziehen. Noch heute heißt der kleine Uferweg entlang von Flüssen deshalb fast überall Lein- oder Treidelpfad. Und in Dormagen-Stürzelberg weihte man im Jahr 2001 sogar ein Treideldenkmal ein, das an diese alte Praxis erinnert.

Wie die meisten historischen Treidelbilder, so kommt auch das Stürzelberger Denkmal arg idealisiert daher. Treideln war harte Arbeit für Mensch und Tier. Die rund sieben Meter breiten Pfade wurden praktisch ganzjährig strapaziert und befanden sich deshalb durchgehend in einem schlechten Zustand. Der aus kleinen Kieseln bestehende lockere Belag forderte kraftraubendes Marschieren. Noch heute spricht man im Rheinischen von einem »Päädswääch«, wenn man eine beschwerliche Wegstrecke beschreiben will. Und auch die Männer in den Booten konnten keineswegs die Beine langmachen. Wie die Pferde am Ufer wegen des schrägen Zuges meist schief gehen mussten, so hatte der Mann am Ruder permanent gegenzusteuern. Hinzu kam, dass je nach Uferbedingungen die Rheinseite gewechselt werden musste. So lagen etwa vor Neuss einige kleine Inseln, die ein Ausweichen auf die rechte Rheinseite nötig machten. Größere Schiffe, so liest man in alten Berichten, mussten von bis zu dreißig Pferden gezogen werden, die man bis an ihre Grenzen belastete. In der Regel handelte es sich um schwere Kaltblüter der umliegenden Gehöfte. Je nach Windbedingungen dauerte eine Tour von Amsterdam bis Köln dennoch zwischen zwei und sechs Wochen.

In Stürzelberg wurde noch bis in die 1860er Jahre hinein getreidelt. Bereits dreißig Jahre früher war das erste Dampfschiff auf dem Rhein eingesetzt worden. Seine Nachfolger machten dem Treidelgewerbe schließlich den Garaus.

Adresse Dormagen-Stürzelberg, Oberstraße am Rheinufer | **Anfahrt** A57, Ausfahrt Dormagen, dann Richtung Dormagen und links auf die B9 (Krefelder Straße) gen Stürzelberg | **Tipp** Flussaufwärts vollzieht der Rhein hier eine ausgedehnte Nordost-schleife. Sie umfasst den Zonser Grind, ein hübsches Naturschutzgebiet.

34 Das Greifvogelzentrum

Auge in Auge mit dem Adler

Die Erftaue rund um die Gymnicher Mühle grenzt nach Norden hin an den Auenwald des Kerpener Bruchs. Das darauf folgende Naturschutzgebiet Parrig mündet bei Horrem in den Kottenforst. Irgendwann, so versprechen die derzeit geplanten und bereits durchgeführten Renaturierungsmaßnahmen, soll hier ein dritter Grüngürtel um den Großraum Köln herum entstehen.

Aber auch jetzt schon lohnen sich Ausflüge in dieses vom Braunkohleabbau in Mitleidenschaft gezogene Gebiet. Ein durchweg außergewöhnliches Erlebnis verspricht ein Besuch des Gymnicher Greifvogelzentrums. Hier, unmittelbar hinter der frisch renovierten Mühle, arbeitet seit 2007 der Falkner Pierre Schmidt. In großen, artgerechten Volieren leben rund zwei Dutzend Vögel, vom Wüstenbussard über den Fleckenuhu bis zum Weißkopfseeadler. Bei den meisten Tieren handelt es sich um Leihgaben, die in der Falknerei gehegt, gepflegt und ausgebildet werden. Hinzu kommen verschiedene verletzte Tiere, die man hier wieder aufpäppelt.

Für den Stadtbewohner spektakulär sind die täglichen Flugvorführungen. Das Greifvogelzentrum arbeitet mit zahlreichen Jugendlichen zusammen, die sich als ehrenamtliche Helfer oder im Rahmen von Sozialmaßnahmen um die Tiere kümmern. Wenn es des Nachmittags an die Speisung geht, werden die Vögel nach und nach aus den Käfigen geholt, damit sie ihre Nahrung »erfliegen«. Wer einmal einen ausgewachsenen Adler von Nahem gesehen hat, wird diesen Anblick nicht so schnell vergessen. Zudem wird jedem Besucher die seltene Chance offeriert, eines der Tiere einmal selbst auf dem Arm sitzen zu haben.

Aber auch jenseits der Shows ist der Trip nach Gymnich von bleibendem Wert, werden jene doch noch ergänzt durch die Vorträge des auskunftsfreudigen Hausherrn. Ob Artenschutz, richtige Ernährung oder Wiederauswilderung: Wer hier einmal war, der ist der Welt der Greifvögel ein gutes Stück nähergekommen.

Adresse Erftstadt-Gymnich, Gymnicher Mühle | **Anfahrt** A61, Ausfahrt Türnich, L162 Richtung Gymnich und links in die Straße Gymnicher Mühle | **Öffnungszeiten** Di–So 14.30–17 Uhr, die Flugvorführungen beginnen mit der Öffnung. | **Tipp** Über viele prächtige Greifvögel verfügt auch der Frechener Falkner und Züchter Husky Linz (siehe Seite 88).

35 Der Heddinghovener Friedhof

Hennes und die Matronen

Dieser von Äckern und einem alten Mühlengehöft umgebene Gottesacker lädt in mehrererlei Hinsicht zu einem Ausflug ein. Zum einen ist da die kleine, feine St.-Servatius-Kapelle. Das aus Bruchstein und Tuff errichtete Gebäude stammt aus dem 12. Jahrhundert, trotz zahlreicher Umbauten haben sich einige romanische Elemente erhalten. Noch weiter zurück reicht jedoch die Geschichte des sogenannten »Matronensteins«, der hier einst gefunden wurde. Während der Römerzeit lag in Heddinghoven, dem heutigen Nordwesten von Lechenich, eine kleine Siedlung, die seinerzeit ein Zentrum der Matronenverehrung bildete. Matronen galten bis etwa ins 5. Jahrhundert hinein als mütterliche Gottheiten, die sich vor allem unter römischen Legionären einiger Verehrung erfreuten. Dementsprechend wurden ihnen vielerorts Kultsteine geweiht. Der Heddinghovener war den Lanehiabus-Matronen gewidmet, aus deren Namen sich im Laufe der Jahrhunderte die Ortsbezeichnung Lechenich entwickelte.

Auf Kniehöhe, direkt neben der Regenrinne, findet sich im Mauerwerk der Kapelle ein kleinerer Rest des alten Weihesteins. Der Hauptteil wurde längst ins Bonner Landesmuseum verbracht. Eine originalgetreue Nachbildung kann man seit Mitte 2009 an der Ecke Bonner Straße und An der Patria bewundern. Der örtliche Verschönerungsverein ließ sie auf dem dortigen Verkehrskreisel aufstellen.

Schon seit 1983 liegt im südlichen Teil des Heddinghovener Friedhofs eine neuzeitliche Kultfigur begraben. Auf einem schlichten, kreuzförmigen Stein mit einem eingemeißelten Opferlamm steht dort geschrieben: »Ein Leben dem Fußball«. Und darüber ein Name, der zumindest in Köln (und Gladbach) für immer unvergessen bleiben wird: Hennes Weisweiler. Der 1919 in Lechenich geborene Fußballlehrer verhalf dem 1. FC Köln mit dem Gewinn des Doubles 1978 zum bislang größten Erfolg der Vereinsgeschichte.

Adresse Erftstadt, Lechenich-Heddinghoven, Blessemer Lichweg | **Anfahrt** A61, Ausfahrt Erftstadt, dann über die Bonner und rechts auf die Frenzenstraße bis zum Blessemer Lichweg | **Tipp** Einen Abstecher ins 18. Jahrhundert macht man mit einem Gang zum Lechenicher Husarenquartier (siehe Seite 80).

36_ Das Husarenquartier

Eine mobile Einsatztruppe des 18. Jahrhunderts

Eines gleich vorweg: Lechenich ist ein durchweg hübsches Städtchen. Ganz zu Recht hat man die Altstadt hier komplett unter Denkmalschutz gestellt, schon das Ensemble aus Bonner und Herriger Tor mit dem Historischen Rathaus in der Mitte sucht im Rheinland seinesgleichen. Ein die Stadtgeschichte reflektierendes Brunnendenkmal vor dem Rathaus verweist auch auf jenes ungewöhnliche Gebäude, das hier gesondert vorgestellt werden soll: das Husarenquartier in der nahen Schloßstraße.

Die Geschichte dieses 1765 errichteten Hauses beginnt eigentlich schon 14 Jahre früher. 1751 nämlich entschloss sich der Kölner Kurfürst Clemens August, eine Landpolizei einzurichten, die er auf den Namen »Husarenkompanie« taufte. Husaren nannte man ursprünglich die berittenen Soldaten vor allem im südosteuropäischen Raum, erst ab dem späten 18. Jahrhundert sprach man dann eher von Kavallerie. Des Kurfürsten Initiative verdankte sich vor allem den haarsträubenden Zuständen im Linksrheinischen. Räubernde Banden drangsalierten die Landbevölkerung und brachten sie um ihr hart erarbeitetes Einkommen. Effektiven Schutz boten weder Nachtwachen noch die aus Tagelöhnern rekrutierten sogenannten »Amtsschützen«. Mit der Husarenkompanie wurde dagegen eine hauptberufliche polizeiliche Einsatztruppe geschaffen. Von Lechenich aus machte man sich in kleinen Einheiten auf den Weg, um »Diebs- und Bettelgesindel« zu stellen und in die nächstgelegenen Gefängnisse zu überführen. Örtliche Dienststellen waren angewiesen, die Husaren nach Kräften zu unterstützen.

Im Husarenquartier, das belegen historische Dokumente, schlief man seinerzeit auf Stroh und lebte in äußerst einfachen, zeitweise sogar verrotteten Verhältnissen. Heute beherbergt der schiefergedeckte Backsteinbau ein vielfach ausgezeichnetes Restaurant. Auffällig schon von Weitem: die rostrot getünchten Außenwände. Der Farbton entspricht dem ältesten bekannten Anstrich des Gebäudes.

Adresse Erftstadt-Lechenich, Schloßstraße 10 | **Anfahrt** A1/A61, Ausfahrt Erftstadt, dann über die Bonner Straße nach Lechenich | **Öffnungszeiten** Das Restaurant ist mittags von 12–14 und abends ab 18.30 Uhr geöffnet. | **Tipp** Die unmittelbar angrenzende Landesburg Lechenich befindet sich in Privatbesitz. Öffentlich zugänglich ist hingegen der hübsche Schlosspark.

37_ Der Karauschenweiher
Ein romantischer Tümpel für robuste Fischchen

Schon der Name: Karauschenweiher! Da klingt eine schwer kontinentale, russische Melancholie mit, wenn man den ausspricht. Und so sieht diese rundum von Wald umgebene Wasserfläche auch aus. Dicht bewachsene Ufer säumen das 140 mal 140 Meter kleine Geviert, hie und da wachsen Schilfzonen aus dem Nass, die sich abwechseln mit den ausgeblichenen Holzbänken der Angler. Vor allem im Sommer steigen die Wasserpflanzen bis fast an die Oberfläche, und man darf davon ausgehen, dass ihre Wurzeln in schlammigem Untergrund ruhen. Ideal sind diese Lebensbedingungen für die namensgebende Karausche, einem kleinen Fisch aus der Familie der Karpfen.

Das als äußerst anpassungsfähig und anspruchslos geltende Tier ist in verschiedener Hinsicht bemerkenswert. So kann die Karausche selbst in ausgetrockneten Tümpeln über einen längeren Zeitraum überleben, indem sie sich in den restlichen Schlamm eingräbt. Dasselbe gilt für ein komplett im winterlichen Eisblock eingeschlossenes Exemplar, denn der »Meister im Luftanhalten« kommt bis zu fünf Tage ohne Sauerstoff aus. Der Stoffwechsel sinkt dann auf Stand-by, aber sobald es wärmer wird, erwacht der Fisch wieder zum Leben. Kein Wunder also, dass der Verband Deutscher Sportfischer die Karausche zum Fisch des Jahres 2010 kürte.

Der gleichnamige Weiher entstand um das Jahr 1959 als bis zu 2,40 Meter tiefes Restloch des Braunkohletagebaus. Von den rund 40 Standgewässern der Ville-Seenplatte liegt der Liblarer See dem Karauschenweiher am nächsten. Neben den Besuchern des attraktiven Freibades und den zahlreichen Wassersportlern tummeln sich auch dort die Angelfreunde. Im Liblarer See steht der Welsrekord bei 1,65 Metern und der des Karpfens bei 22,8 Kilogramm. Karauschen hingegen kommen in unseren Landen normalerweise auf nicht mehr als 30 Zentimeter bei rund drei Kilogramm Gewicht. Ein kleiner Fisch, wie gesagt, in einem kleinen, romantischen Weiher.

Adresse Erftstadt-Liblar, Seestraße | **Anfahrt** Von der Luxemburger am Hinweisschild »Liblarer See« links auf die Seestraße | **Tipp** Eine Umwanderung des Liblarer Sees vom Parkplatz aus gen Westen dauert rund eine Stunde und führt am Ende direkt zum Karauschenweiher.

38__ Der Rittaltar
Eine Gymnicher Einmaligkeit

Beinahe fühlt man sich im ländlichen Gymnich an die Quadriga des Brandenburger Tors erinnert. Hier wie dort blickt man auf ein von Torbögen strukturiertes Gebäude, das von galoppierenden Pferden gekrönt wird. Nur dass halt in Gymnich lediglich zwei Rösser prunken, dass der Streitwagen fehlt und dass die Bögen mit ihren weißen Türen eher an Garagen erinnern. Trotzdem irritiert dieses Bauwerk den Betrachter, erst recht, wenn man über seinen seltsamen Namen nachdenkt. Denn einen »Rittaltar« gibt es nirgendwo sonst auf der Welt, das lässt sich leicht durch die Eingabe dieses Wortes bei einer Internetsuchmaschine belegen.

Die beiden weißen Pferde erinnern an einen rund 800 Jahre alten Brauch, den Gymnicher Ritt. Diese Pferde- und Fußprozession zu Christi Himmelfahrt soll auf ein Gelübde des Ritters Arnold von Gymnich zurückgehen. Und wie nicht selten steht der christliche Ritus auf moralisch recht zweifelhaften Säulen. Arnold nämlich war Teilnehmer des Kreuzzuges von 1217 bis 1221. Schwer beladen mit Raubgold und auf der Flucht vor den Syrern, geriet er mit seinen Leuten in einen Sumpf und drohte jämmerlich zu krepieren. Also rief er Gott an, der ein Schilfhuhn auffliegen ließ, das wiederum Arnolds Pferd so erschreckte, dass es sich mit einem Ruck aus dem Schlamm befreite. Der Ritter nutzte das östliche Diebesgut zur Sanierung seiner rheinischen Liegenschaften. Seinen Untertanen und Nachfahren erlegte er jenes Gelübde auf, das bis heute Bestand hat: zum Dank Gottes alljährlich einmal hoch zu Ross durch Gymnich zu paradieren.

Der Rittaltar steht erst seit 1953 auf dem Gymnicher Rittplatz, die beiden Pferdchen kamen 1982 hinzu. Dass hier überhaupt gefeiert werden darf, verdankt sich der Großherzigkeit des Vicomte Franz de Maistre. Bis 1926 war das Gelände noch von der Schlossmauer eingefasst, und noch heute gehört es zum Privatbesitz der Schlossherren.

Adresse Erftstadt-Gymnich, Rittplatz gegenüber der Kunibertskirche | **Anfahrt** A61, Ausfahrt Gymnich, dann rechts auf die L495 und wieder rechts auf die Dirmerzheimer Straße bis zum Rittplatz | **Tipp** Hübsch ist auch die um 1800 errichtete Johannisbrücke, die mit der Balkhausener Straße über die Erft führt.

39__Die Grube Carl

Industriegeschichte am Bellerhammer

Die Geschichte der Grube Carl ist die eines unternehmerischen Kampfes. Der Kohlenhändler Heinrich Daelen war nicht einverstanden mit der Preispolitik der Rheinischen Brikettwerke, die ihre Produkte seit 1904 unter dem Namen Union-Brikett verkauften. Also beschloss Daelen, fortan eigene Briketts zu produzieren. Und so eröffnete er bereits ein Jahr später in Frechen eine neue Fabrik. Während die Gebäude in die Höhe wuchsen, ging es direkt nebenan in der Grube nach unten, den Braunkohleflözen zu. Parallel zum Frechener Standort hatte der Neu-Unternehmer auch einen in Elberfeld erworben. Nach dem taufte er sodann auch seine Briketts, und auf ebendiesen hört der Komplex im Volksmund bis heute: »Bellerhammer«.

Aber Daelen hatte kein Glück. Zwar verkaufte man in den ersten Jahren jeweils gut 100.000 Tonnen, aber bereits 1909 wurde die Kohlegewinnung so schwierig, dass man beschloss, es unter Tage zu versuchen. Auch dort jedoch wurde die Produktion nicht rentabler, sodass die Fabrik im März 1913 an die Rheinische Aktiengesellschaft für Braunkohlenbergbau und Brikettfabrikation (RAG) verpachtet wurde. Fortan hießen auch die Frechener Briketts wieder Union. Als die Tore sich schließlich 1995 für immer schlossen, hatte das Werk insgesamt rund 40 Millionen Tonnen Briketts ausgeliefert.

Über ein Jahrzehnt lang standen die alten Fabrikhallen leer und verkamen. Danach jedoch setzte ein Bauboom ein, um das Gelände herum wuchsen Hunderte von Einfamilienhäusern aus dem Boden. Grube Carl ist inzwischen ein eigener Stadtteil mit den ehemaligen Brikettgebäuden als Zentrum. Über 70 Wohnungen entstanden allein im alten Trocken- und Pressenhaus, und auch die Elektrostation und das Niederdruckkesselhaus wurden zu schicken, zum Teil luxuriösen Wohneinheiten umfunktioniert. Einst wurde hier ein erfolgreiches Verfahren zur Emissionseindämmung patentiert. Heutzutage wirbeln höchstens die Kinder im Sandkasten Staub auf.

Adresse Frechen-Grube Carl | **Anfahrt** Dürener Straße und in Frechen rechts Zur Grube Carl | **Tipp** In der Nähe liegt der Freizeitpark Rosmarstraße, von dessen Plateau aus man einen schönen Blick über Köln genießt.

40_ Das Indianerdorf

Ein Freilichtmuseum zum Wilden Westen

Husky Linz und seine Frau Gabriele besitzen eine der größten Privatsammlungen von indianischen Accessoires in ganz Europa. Ob Pfeifen, Kinderpuppen und Federschmuck oder die verschiedenen Jagdwaffen: Hier findet sich alles in gleich mehrfacher Ausführung und vor allem im Original. Linz ist mit echten Indianern befreundet, die ihm bei ihren Besuchen stets neue Exponate als Geschenk überreichen.

Angefangen hat die Leidenschaft des Jungen aus der Kölner Südstadt, als er die Westernlegende Billy Jenkins (1885–1954) kennenlernte. Jenkins tingelte schon vor dem Ersten Weltkrieg als Kunstreiter, Lasso- und Messerwerfer durch Deutschland. Und er richtete Greifvögel ab, genau wie Husky Linz. Der gelernte Falkner hält in seinem weiträumigen Garten rund 30 verschiedene Vögel, darunter Habichte, Falken, Adler und sogar ein Schneeeulen-Pärchen. In den umliegenden Gemeinden sind vor allem die als Kurzstreckenjäger bekannten Habichte beliebt, erlösen sie doch die Friedhöfe der Umgegend von der Kaninchenplage.

Auf dem Gelände hinter dem Haus lebt zudem der Wilde Westen weiter. Rechter Hand hat Linz mehrere hölzerne Trapperhütten installiert, die mit Sammelstücken zu thematischen Schwerpunkten aufwarten. Einer davon: das Hundeschlittenrennen, eine Sportart, in der Husky Linz mehrere internationale Titel errang. Ergänzt wird das private Freilichtmuseum durch verschiedene indianische Aufbauten. Neben den selbst genähten und gestalteten Tipis sticht vor allem die große Tanzlodge heraus. Hier wird zu gegebenem Anlass und begleitet von indianischen Rhythmen um ein mittiges Feuer getanzt.

Linz ist ein rheinischer Selfmademan. Neben den bereits genannten Fähigkeiten glänzt er auch als Lederarbeiter, der sich auf feinste Sonderanfertigungen versteht. Und in den Garagen schlummern Schätze der Landstraße: individuell geairbrushte Trikes der Marke Eigenbau.

Adresse Frechen-Buschbell, Burghofstraße 38 | **Anfahrt** Aachener Straße bis Königsdorf, dort links in den Mühlenweg und hinter der Autobahn rechts in die Burghofstraße | **Öffnungszeiten** Nach Absprache, Tel. 02234/12928, siehe auch www.huskylinz.de | **Tipp** Thematisch naheliegend ist ein Besuch des Rautenstrauch-Joest-Museums für Völkerkunde am Kölner Neumarkt mit seiner exquisiten Indianer-Abteilung.

41 __ Das Keramion

Bartmannskrüge – Markenzeichen
der rheinischen Kannenbäcker

Eine eher unwirtliche Ecke: Im Schatten des Autobahnkreuzes Köln-West erstreckt sich nach Frechen hin ein riesiges Gewerbegebiet. Funktionale Produktions- und Lagerstätten wechseln sich ab mit Fast-Food-Läden und alibihaft wirkenden Grünflächen. Mitten in diesem Einerlei jedoch existiert eine Insel, eine seltsame architektonische Perle.

Das sogenannte Keramion entstand in den Jahren 1970/71 nach Plänen des Kölner Architekten Peter Neufert. Sofort ins Auge fällt die kreisförmige Dachkonstruktion mit ihrem Durchmesser von 32 Metern. Wer hier an eine Töpferscheibe denkt, liegt goldrichtig, denn dieses inzwischen denkmalgeschützte Gebäude beherbergt ein exklusives Keramikmuseum. Während im lichtdurchfluteten Parterre stets wechselnde Ausstellungen zur zeitgenössischen Töpferkunst präsentiert werden, gelangt man im Untergeschoss zur ständigen historischen Abteilung. Neben zahlreichen Schalen und Krügen lagern hier auch Modelle jener tönernen Röhren, wie sie in Frechen während der aufkommenden Industrialisierung produziert wurden.

Die Frechener Kannenbäckerei war in ihrer Hoch-Zeit weltberühmt. Markenzeichen der hiesigen Töpferkunst wurden die Bartmannskrüge, deren Hals vom Relief eines bärtigen Gesichts verziert wird. Ob diese Schrate nun Gott darstellten oder lediglich dekorativen Zwecken dienten, vermag die Wissenschaft heutzutage nicht mehr eindeutig festzustellen. Der Export blühte vom 16. bis ins frühe 19. Jahrhundert, rheinisches Steinzeug fand seinen Weg bis in die hintersten Winkel der Welt. So wurden die erwähnten Bartmannskrüge in versunkenen Schiffen vor den Küsten Südamerikas genauso gefunden wie vor Afrika oder Japan. Einige davon wurden geborgen und landeten wieder hier, im Frechener Keramion. Mit den angewachsenen Muscheln und sonstigen maritimen Ablagerungen sind sie Zeugen einer – im wahrsten Sinne des Wortes – untergegangenen Welt.

Adresse Frechen, Bonnstraße 12 (Ecke Holzstraße) | **Anfahrt** Dürener Straße bis Frechen, Ecke Bonnstraße | **Öffnungszeiten** Di–Fr, So 10–17, Sa 14–17 Uhr | **Tipp** Weitere gut erhaltene Bartmannskrüge finden sich im Kölner Stadtmuseum.

42 Der Panorama-Rasthof

Die Kölner Bucht von Westen her

Wer sich Köln von Westen her nähert, wer vielleicht irgendwo in der Normandie in Urlaub war, der kennt dieses erhebende Gefühl, wenn man auf der A4 endlich auf dem Rücken des Vorgebirges angekommen ist. Dort nämlich öffnet sich plötzlich der Blick, und die gesamte Kölner Bucht liegt dem Betrachter zu Füßen. Die Heimatstadt scheint zum Greifen nah, fast glaubt man, irgendwo da unten sein eigenes Haus ausmachen zu können.

Mit 130 Sachen ist der Genuss natürlich schnell vorüber, deshalb empfiehlt es sich, den Rasthof Frechen für eine letzte Pause anzusteuern. Wer Tankstelle und Burger King passiert, findet am Ende der langgestreckten Lkw-Parkbuchten ein paar Picknicktische zum Verweilen. Gut zehn Kilometer ist man hier von Köln entfernt, und annähernd hundert Meter beträgt der Höhenunterschied. Das Stadtpanorama, das sich hier bietet, kommt selbst an diesigen Tagen grandios daher. Sämtliche Hochbauten der Stadt wachsen nebeneinander in den Himmel, vom Axa-Gebäude im Norden über Colonius und Dom bis hin zum Uni-Center und der Deutschen Welle im Süden. Und die Hügelkette im Hintergrund, irgendwo da hinten im Osten, das ist schon das Bergische Land.

Inzwischen haben auch Landschaftsplaner die Einmaligkeit dieses Ortes erkannt. Im Rahmen des Projektes Regionale 2010 sind Pläne im Schwange, die den Frechener Rasthof touristisch aufwerten sollen. So wird unter anderem angeregt, das Areal auch für Fußgänger und Radfahrer zugänglich zu machen. Außerdem soll an geeigneter Stätte, also möglichst weit im Westen, ein Panorama-Restaurant samt Freiterrasse entstehen, das die Aussicht noch einmal optimiert. Zusätzlich aufgewertet würde das Paket durch die Installation verschiedener Kunstprojekte, die sich etwa den Themen Geschwindigkeit und Mobilität widmen könnten. Und einen neuen Namen soll das Ganze auch bekommen: Der Rasthof Frechen hieße dann Villetor/Kölnblick.

Adresse Rasthof Frechen-Süd an der A4 | **Tipp** Von der nächsten Abfahrt (Königsdorf) aus gelangt man schnell zum Frechener Keramion (siehe Seite 90). Hier geht der Blick nicht nach unten, sondern zurück in die Hoch-Zeit der rheinischen Keramikgeschichte.

43_ Der Papsthügel

Ein verwaister Berg im Tagebaugelände

Soweit das Auge reicht nichts als Lehmflächen, wildwuchernde Sträucher und teichgroße Pfützen. Diese Landschaft hat schon auf den ersten Blick etwas Unnatürliches, und ein zweiter in die Annalen bestätigt den Eindruck. Denn hier, zwischen Frechen und Kerpen, haben jahrzehntelang die Braunkohlebagger gewütet, bevor der gigantische Krater mit dem Aushub von anderswo wieder aufgefüllt wurde.

Dass ausgerechnet inmitten dieser brettflachen Ebene ein einsamer Hügel aufragt, mutet skurril an. Besonders beeindruckend sieht er nun wirklich nicht aus, nichtsdestotrotz ist er ein Objekt religiöser Verehrung. 2005 war es, als man für den Kölner Weltjugendtag einen geeigneten Messeplatz suchte. Gefunden wurde er mit dem sogenannten Marienfeld im alten Tagebaugelände. Um den Papst während seiner Predigt vor den 500.000 Menschen aus aller Welt herauszuheben, wurde ein zehn Meter hoher Hügel aufgeschüttet. »Berg der 70 Nationen« taufte man ihn, weil Delegierte aus 70 verschiedenen Ländern dafür Erde ihrer Heimat mitgebracht hatten. Die Oberfläche der kleinen Erhebung beträgt 3.500 Quadratmeter, gut 2.000 Betende fanden dort einen exponierten Platz. Zwar wurden die luftige Dachkonstruktion und sämtliche technischen Einrichtungen wieder entfernt, aber der Hügel blieb. Vor einem mächtigen Kreuz breitet sich ein Stern am Boden aus, der an die Wanderung der Heiligen Drei Könige erinnern soll. Wie der quadratisch-schlichte Altar besteht auch dieser Stern aus Basaltlava, einer Steinart, die im rheinischen Kirchenbau stets sehr beliebt war.

Ein wenig abseits, am Rande des ziemlich steilen Abhangs, findet sich auch ein kleines Bethäuschen mit einer anmutigen Figur der Muttergottes. Zu ihren Füßen stehen stets ein paar ewige Lichter, die Gläubige hier installiert haben. Und wenn der unablässige Wind dieser heiligen Ödnis für eine Weile Gnade walten lässt, dann leuchten sie sogar.

Adresse Zwischen Frechen-Grefrath und Kerpen-Mödrath | **Anfahrt** Am besten über die L163, die Türnich und Horrem verbindet, an der Burg Mödrath liegt ein Parkplatz. | **Tipp** In der Pfarrkirche St. Mariä Himmelfahrt in Grefrath steht jene »Schmerzhafte Muttergottes«, von der das Marienfeld den Namen erhielt. Die wertvolle Pietà von 1420 wurde im Mittelalter hoch verehrt.

44 Das Berli-Kino

Ein kultiges Lichtspielhaus im Stil der Fifties

Der seltsame Name mag manchen zunächst an Berlin erinnern. Im Zusammenhang mit der Kinowelt blitzt vielleicht sogar kurz der Berliner Bär, güldener Filmpreis der Hauptstadt, in Gedanken auf. Aber weit gefehlt: Bei Berli handelt es sich um ein sogenanntes Akronym, das schlicht und einfach für »**Ber**renrather **Li**chtspieltheater« steht.

Dessen Geschichte beginnt im Nachkriegsjahr 1946, als der Großvater der heutigen Jansen-Familie einen zerstörten Tanzsaal zu einem großen, 500 Plätze fassenden Filmhaus umbauen ließ. Nach einigen Jahren jedoch kamen die Bagger, und Berrenrath ereilte das gleiche Schicksal wie manches andere Dorf der Umgegend: Es wurde verpflanzt. Während auf dem Gebiet des heutigen Otto-Maigler-Sees die Häuser und Höfe dem Braunkohletagebau wichen, erstand das Dorf ein paar Hundert Meter weiter östlich neu. Und mit ihm auch das Berli. Über nunmehr 380 Sitze verfügte der Saal, der erstmals 1958 seine Pforten öffnete. Die Ausstattung entsprach dem neuesten Schrei der Fifties, und das Schöne ist: Genau dieses Interieur hat sich bis heute erhalten. Ob die schrille Tapete, die Messinglampen im Blumenstraußarrangement oder der stilechte Linoleumboden – in diesem Kino ist die komplette Einrichtung im Originalgewand verblieben. Und geradezu historisch muten auch die Eintrittspreise an. Während man in der gepolsterten Loge für 4 Euro Platz nimmt, ist man in der Holzklasse schon mit 3,50 dabei.

Direkt vor dem Kino liegt übrigens der große Dorfplatz von Berrenrath mit der zentralen Schänzjeskriemer-Säule. Übersetzt bedeutet das rheinische Wort so viel wie Reisigbündelchen-Hausierer (Schanze = Reisigbündel zum Feueranzünden, Kriemer = Krämer). Das Monument erinnert an die Armut jener Tagelöhner, die im Wald nach dürrem Feuerholz suchten, um damit ein paar Pfennige zu machen. Das Schlagen von ganzen Bäumen war ihnen unter Strafandrohung verboten.

Adresse Hürth-Berrenrath, Wendelinusstraße 45–49 | **Öffnungszeiten** Vorstellungen Di und Fr–So, Genaueres unter www.berli-huerth.de oder Tel. 02233/933803 | **Tipp** Am anderen, nördlichen Ende von Berrenrath liegt die sehenswerte Burg Schallmauer mit Grünanlagen und dem Gottes-Hülfe-Teich.

45 Die Hürther Leitung
Vorläufer des Eifel-Aquädukts

Wer von der Kölner Wasserversorgung in der Römerzeit spricht, meint zumeist die berühmte Wasserleitung aus der Eifel. Und tatsächlich handelt es sich bei dem gut 90 Kilometer langen Aquädukt um eine technisch-architektonische Meisterleistung sondergleichen. Allein schon die Tatsache, dass hier wegen des schwierigen Geländes und des erforderlichen permanenten Gefälles aus 50 Kilometern Luftlinie gut 90 gemauert wurden, spricht für die Genialität der antiken Baumeister. Aber die Eifeltrasse entstand erst gegen Ende des 1. und Anfang des 2. Jahrhunderts. Hat man als römischer Bürger sein Wasser vorher womöglich aus dem Rhein geschöpft? – Nein, lautet die Antwort, keineswegs!

Denn glücklicherweise lag damals wie heute der Ring des Vorgebirges um das westliche Köln herum, und dort oben entsprang so mancher kleine Bach. Schon um 30 n. Chr. begann man, diese Rinnsale – genannt seien der Duffes-, Bur- und Gleueler Bach – zusammenzuführen und gen Köln zu leiten. Wenig später jedoch musste diese Pionierrinne nach oben hin aufgestockt werden, weil man in der Kolonie am Rhein mit dem Bau einer rund acht Meter hohen Stadtmauer begonnen hatte. Wie diese alte »Hürther Leitung« ihr neues Obergeschoss bekam, das kann man sehr schön in Efferen studieren. Direkt am Duffesbach findet sich dort ein repräsentatives freigelegtes Stück der Doppelrinne. Ganz unten erkennt man die u-förmige alte Führung aus Gussbeton. Dort hinein wurden um 50 n. Chr. Tuffsteinquader gesetzt, die die Basis für die Bogenpfeiler der neuen Hochleitung bildeten. Auch das später erschlossene Wasser aus der Eifel wurde dann durch diese Rinne geleitet.

Selbst in nachrömischer Zeit, als die antiken Leitungen längst verfallen waren, profitierte man in Köln von der alten Wasserbündelung im Vorgebirge. An den »Bächen« fristeten zahllose Handwerker ihr Dasein, allen voran die Gerber und Färber. Heute erinnern jedoch nur noch die Straßennamen an ihre Gewerbe.

Adresse Hürth-Efferen, zwischen Friedrich-Ebert-Realschule (Krankenhausstraße 91) und Duffesbach | **Anfahrt** Luxemburger Straße bis Efferen, dort rechts in die Horbeller und wieder rechts in die Krankenhausstraße | **Tipp** Das freigelegte Leitungsstück ist Teil des zwölf Kilometer langen Römerkanal-Wanderwegs auf Hürther Stadtgebiet, siehe www.huerth.de.

46__ Das Kloster Burbach

Chemiepark und Waldeinsamkeit

Der Chemiepark Knapsack sitzt genau auf dem Buckel des Vorgebirges, jener seltsamen Hügelkette, auf die kein irgendwie geartetes »Hinter«-Gebirge folgt. Wer hier, zum Beispiel auf der Firmenichstraße, durch die Gelände von Rheinbraun oder Höchst fährt, dem bieten sich spektakuläre Panoramen. Die schräg über die Straße hetzenden Förderbänder und die bizarren Formen der Fabrikgebäude und Schlote erinnern vage an die Traumwelt des unfernen Phantasialandes.

In eine wirkliche Gegenwelt taucht ein, wer den Hinweisschildern zum Kloster Burbach folgt. Eine kleine Zufahrtsstraße windet sich nach unten, auf die Köln zugewandte Seite des Vorgebirges. Irgendwann sind die Industriebauten aus dem Blick, eine grüne, waldreiche, gleichwohl künstlich wirkende Flora bestimmt nun die Landschaft. Hierbei handelt es sich um das Rekultivierungsgebiet der ehemaligen Braunkohlegrube Theresia, in deren Zentrum der naturgeschützte Hürther Wald- sowie der Otto-Maigler-Badesee liegen. Und genau zwischen diesen beiden Gewässern stößt man auch auf die Reste des alten Klosters.

Von 1233 bis zur Säkularisierung im Jahr 1802 lebte hier eine Gemeinde von Zisterzienserinnen, das Kloster trug den Namen Marienborn. Bis heute erhalten geblieben ist lediglich das 1727 erbaute Försterhaus, damals Teil des Wirtschaftskomplexes. Schräg gegenüber liegt der ebenfalls aus dem 18. Jahrhundert stammende Füngelingshof, der den Ordensschwestern mitsamt seiner Mahlmühle abgabepflichtig war. An seiner verfallenden Scheune steht noch jener Bildstock, den die Bauersfamilie Füngeling dem Kloster widmete.

Welche Ausmaße die Anlagen in ihrer Gründerzeit besaßen, lässt sich seit 2002 anhand einer hübschen Hainbuchenhecke nachvollziehen. Die vom Landschaftsverband Rheinland gestiftete Naturmauer markiert genau das 2.500 Quadratmeter große Karree, auf dem sich einst der mittelalterliche Kreuzgang befand.

Adresse Hürth, Altstädten-Burbach, zwischen Wald- und Otto-Maigler-See | **Anfahrt** Luxemburger Straße bis Hürth, rechts auf die Industriestraße nach Knapsack. Zufahrt zum Kloster über Firmenichstraße/An den Weißen Häusern | **Öffnungszeiten** Gebäude und Gelände werden von verschiedenen Vereinen genutzt. Außenbesichtigung jederzeit möglich. | **Tipp** Sommers sehr beliebt ist das nahegelegene Freibad am Otto-Maigler-See.

47_ Der Leugenstein
Südländisches Ambiente auf der Luxemburger

Es braucht eine gewisse Portion Wagemut, um diesen seltsamen Ort zu erreichen. Liegt er doch als isolierter, weder von Ampeln noch Fußgängerüberwegen erschlossener Verkehrskreisel auf der wind- und autoumtosten Luxemburger Straße. Aber wer hier einmal seine Lücke zwischen zwei Stoßstangen gefunden hat, darf sich auf ein besonderes Erlebnis freuen.

Einmal erklommen, vermittelt dieser kleine Hügel trotz seiner verzweifelten Lage eine eigentümliche, beinahe archaische Ruhe. Dabei spielt sicherlich nicht zuletzt das durchweg südländische Ambiente eine Rolle, das der zuständige Stadtplaner Reinhold Mengel mit der Anpflanzung von Lavendelbüschen, Wacholderstauden, Zypressen und Buchsbäumen kreierte. Wie die Flora, so erinnert auch jene zentral aufgestellte, sechs Meter hohe Stele aus Sandstein an die Römerzeit. Unter Kaiser Trajan (53−117) und seinen Nachfolgern nämlich kamen die sogenannten Leugensteine auf, um die Entfernung zur nächsten Stadt zu markieren. Eine Leuge entsprach dabei ungefähr 2,22 Kilometern. Während die antiken Vorbilder jedoch maximal anderthalb Meter maßen, ragt die Hürther Säule zur besseren Sichtbarkeit ganze sechs Meter in den Himmel. Identisch hingegen ist das heutige mit dem damaligen Material. Denn wie seine römischen Vorgänger hat der Brühler Steinbildhauer Hans-Jörg Blondiau das Material aus dem Kylltal in der Eifel bezogen.

Wie zuletzt die Grabungen anlässlich der Anlage des Kreisverkehrs ergaben, verlief unter der Luxemburger vor 2.000 Jahren eine römische Heerstraße. Dieser Trasse, die von Köln über Hürth bis nach Trier führte, ist der Anfang 2008 eingeweihte Verkehrskreisel gewidmet. Auch die Zweiteilung seines Bodenbelags ist wohlbedacht. Weil die Römer nur in städtischen Gebieten mit Pflastersteinen operierten, liegen gen Köln massive Quader aus. In Richtung Hürth hingegen, also ins Ländliche hinein, geht man lediglich auf festgestampftem Schotter.

Adresse Hürth-Efferen, Luxemburger Straße, Höhe P&R-Platz/KVB-Haltestelle Kiebitzweg | **Tipp** Eine weitere derart gestaltete Verkehrsinsel findet sich im weiteren Verlauf der B256 vor dem Anstieg gen Knapsack. Recht inkonsequent mutet es an, dass man hier beidseitig Pflastersteine verlegte.

48_ Der Rosellenplatz

Kriegerdenkmal und Kopfplatanen

Das stille Geviert im Fischenicher Unterdorf besticht auf den ersten Blick durch seine Symmetrie. Rundlich gestutzte Kopfplatanen stehen derart ordentlich in Reih und Glied, dass sie mit ein wenig Phantasie an eine behelmte Armee erinnern. Weit hergeholt ist der Vergleich beileibe nicht, findet sich doch am Nordende des Karrees ein monumentales Kriegerdenkmal.

Aufgestellt wurde dieser 7,50 Meter große Obelisk 1911, in der Zeit des Hurra-Patriotismus also, der in den Ersten Weltkrieg münden sollte. Für die Opfer von 1914 bis 1918 wurden dann später auch die beiden ausladenden Seitenteile ergänzt. Die zentrale, von einem Adler getoppte Säule hingegen erinnert an die Kriege von 1864, 1866 und 1870/71, die der Gründung des Deutschen Reiches vorausgingen. Nur auf diesem Hintergrund ist auch der hier eingemeißelte, heute befremdliche Spruch zu verstehen, der da lautet: »Der Jugend zur Nachahmung«. In der Folge wurden zu Füßen des Denkmals die einberufenen Soldaten verabschiedet, die Kränze für die Gefallenen niedergelegt und ab Ende der 1920er Jahre auch militärische Fahnenweihen abgehalten. Umso erstaunlicher, dass sich direkt nebenan an der Gennerstraße ein napoleonisches Wegekreuz von 1806 erhalten hat.

Seinen heutigen Namen trägt der Platz erst seit dem 20. Oktober 1964. Damals beschloss der Hürther Stadtrat, hier des 1829 in Langenfeld geborenen Robert Wilhelm Rosellen zu gedenken. Mit 35 Jahren wurde er 1865 zum Dorfpfarrer von Fischenich ernannt und behielt dieses Amt bis Ende 1887. Danach wurde er vom Erzbistum noch einmal »befördert« und leitete bis zu seinem Tod 1909 die Pfarre von Maria Lyskirchen in Köln. Seine Fischenicher Kirche wurde schon 1890 abgerissen, und so kam ihre Nachfolgerin in den Genuss einer folgenreichen Sakramentierung. Im Januar 1969 nämlich wurde hier ein kleiner Junge aus dem Nachbardorf Hermülheim getauft. Sein Name: Michael Schumacher.

Adresse Hürth-Fischenich, Ecke Gennerstraße und An der Fuhr | **Anfahrt** Von der Luxemburger in Hürth links auf die Bonn- und in Fischenich rechts auf die Gennerstraße | **Tipp** Zwischen Genner- und Augustinerstraße stehen die Reste einer Burg aus dem 12. Jahrhundert. Verwendet wurden unter anderem Gussbetonblöcke der alten römischen Wasserleitung.

49_ Das Studentendorf

Universitäre Autonomie

Von den Ausmaßen und der Bebauung her könnte es sich hier um eine ganz normale Siedlung handeln, wie man sie in der Nähe jeder x-beliebigen Großstadt findet. Hochbauten wechseln sich ab mit zweistöckigen Häusern, der Architekturstil ist nordeuropäisch, aber dabei locker gemischt, und die Straßen sind verkehrsberuhigt.

Was am Höninger Weg jedoch auf den ersten Blick fehlt, sind Gartenzwerge, Blumenrabatten und die andernorts obligatorischen Zäune zwischen den Parzellen. Nein, stattdessen können hier auf großer, offener Wiese mehrere Hausgemeinschaften gleichzeitig Federball spielen. Oder sie können, und auch das passt nicht zum bürgerlichen Familienvorort, das Spiel auf einem der ausrangierten Ledersofas verfolgen, die man hier gern auf die Terrasse stellt.

Früher standen in dieser Gegend diverse Ziegeleien. Alte Hochwasserarme des Rheins hatten Abertonnen von Auenlehm abgelagert, die vor Ort zu Ton verarbeitet wurden. In die letzte der in den 1960ern aufgegebenen Gruben wurde ab 1963 das Hürther Studentendorf gebaut. Interessanterweise war es ein Leverkusener, der die Errichtung mit einer Spende von einer Million Euro anstieß: Bayer-Vorstand Ulrich Haberland, zugleich Ehrendoktor der Kölner Universität.

Nach mehreren Erweiterungen kann man inzwischen wahrlich von einem eigenen »Studentendorf« sprechen. Dessen Autonomie geht so weit, dass man hier sogar seine eigenen Wahlen veranstaltet. Die allmonatliche »Dorfversammlung« entspricht dem Parlament, und als Exekutive fungiert der gewählte »Dorfrat«. Er arbeitet unter dem Dach des Kölner Studentenwerks (KSTW) und verfügt vor Ort über ein Helferteam von sogenannten »Funktionsträgern«. Dass man es in Efferen durchaus ernst meint mit der Selbstständigkeit, belegen Hinweise wie jener von der Dorf-Homepage, dass »der Sportplatz bei den blau-grauen Norweger-Häusern nur Dorfbewohnern zur Verfügung steht«.

Adresse Hürth-Efferen, Höninger Weg und Hahnenstraße | **Anfahrt** Luxemburger Straße (B256) stadtauswärts und hinter der A4-Unterführung links in die Rondorfer und wieder links in die Hahnenstraße | **Tipp** Entlang der nördlichen Seite der A4 verläuft der Kölner Grüngürtel zwischen Decksteiner und Kalscheurer Weiher.

50__Der Horremer Sprung

... und St. Cyriakus, die »schwimmende« Kirche

Seit um 1850 der industrielle Abbau von Braunkohle im Kölner Westen begann, haben Mensch und Umwelt unter dieser gigantischen Ausbeutung des Bodens zu leiden. Zahlreiche Dörfer wurden umgesiedelt, die Bewohner verloren ihre Heimat. Außerdem geht mit der exzessiven Nutzung dieses Brennmaterials ein steter Kampf gegen giftige Luftemissionen einher.

Eine der absurdesten Auswirkungen des Braunkohletagebaus lässt sich an der kleinen Barockkirche St. Cyriakus in Horrem-Götzenkirchen beobachten. Weil zur Kohlegewinnung der Grundwasserspiegel abgesenkt werden muss, geriet in den 1970er Jahren auch dieses Gotteshaus in Gefahr. Im Schiff wie im Turm traten große Risse auf, und der Schuldige war schnell gefunden: Rheinbraun, der Kohlemagnat. Es dauerte jedoch einige Zeit, bis man sich dort zu seiner Verantwortung bekannte. Die Schäden wurden behoben, aber damit war es nicht getan. Um das Kirchlein dauerhaft gegen weitere Verwerfungen zu sichern, wurde es in einer aufwendigen Operation komplett mit Hydraulikpumpen unterzogen, die jede Schwankung sofort ausgleichen sollen. Wer sich also wundert über all die kleinen, in Kniehöhe angebrachten Metallköpfe an der Kirchenmauer, dem sei verraten: Das sind die Messdosen für den kirchlichen Hydraulikunterbau.

Dass es hier zu solchen Problemen kam, hat jedoch noch einen anderen Grund, und dieser reicht deutlich weiter zurück als der Braunkohleabbau. Götzenkirchen, und damit St. Cyriakus, liegt genau auf dem sogenannten »Horremer Sprung«. Dabei handelt es sich um ein tektonisch recht aktives Gebiet, das die Erftscholle von der Kölner Scholle trennt. Ständig kommt es hier zu horizontalen und vertikalen Verschiebungen. Diese sind zwar mit dem bloßen Auge nicht wahrnehmbar, machen aber die Erftaue zu einer potenziellen Herdzone für Erdstöße. Richtig schwere Beben, so die Wissenschaft, seien etwa alle 18.000 Jahre zu erwarten.

Adresse der Kirche: Kerpen-Horrem, Ortsteil Götzenkirchen, Maurinplatz | **Anfahrt** A4, Ausfahrt Kerpen, dann über Sindorf nach Horrem, dort rechts auf die Hauptstraße und hinter der Autobahnunterführung links in die Cyriakusstraße | **Öffnungszeiten** Die Messdosen befinden sich an der Außenwand. Das Kircheninnere ist nur während der Gottesdienste geöffnet. | **Tipp** Rund um den Maurinplatz stehen mehr uralte Fachwerk-häuschen als in den meisten Eifeldörfern. Die Straße kreuzt hier auch den Strategischen Bahndamm (siehe Seite 116).

51 Der Kalvarienberg

Die Kreuzigungsgruppe »An den drei Bildern«

Zugegeben, einen Berg sucht man hier vergeblich. Das Kerpener Gemeindeland ist flach wie eine Flunder, Hügel entstehen hier höchstens im Rahmen von Kiesgruben. Und ebenfalls zugegeben: Dieser Ort ist außerordentlich unattraktiv. Die Straße zwischen Langenich und Kerpen verläuft schnurgerade, damit alle Pferdestärken ausgefahren werden können. Und schräg gegenüber liegt auch noch, auf dem Areal einer ehemaligen Keramikfabrik, ein ausgedehntes Gewerbegebiet.

Aber wenn man sich dann einmal zu dieser alten Steingruppe hinwendet, überkommt den Besucher eine plötzliche Ruhe. 1768 war es, als hier am Neffelbach die Kalvarienberggruppe »An den drei Bildern« errichtet wurde. Der Kalvarienberg – dies für die weniger bibelfesten Leser und Leserinnen – war jene Erhebung vor den Toren Jerusalems, auf der Jesus gekreuzigt wurde. Der Begriff »Kalvarien« entwickelte sich aus dem aramäischen »Golgatha« und bedeutet soviel wie »Schädelstätte« oder »Schädelhöhe«. Weil dieser Ort bis heute nicht lokalisiert werden konnte, weiß man auch nicht, ob der Name mit der Form des Berges oder mit seiner Funktion in irgendeiner Verbindung steht.

Mit der Gegenreformation beginnt dann das katholische Europa, die Kreuzigungsszene in Stein nachzustellen. Normalerweise sind die Figuren eines Kalvarienbergs lebensgroß und komplett. In Langenich jedoch hat man auf die beiden gewöhnlichen Verbrecher zu Jesu Seiten verzichtet. Stattdessen findet sich zu seiner Rechten eine Stele der trauernden Gottesmutter Maria, während links der heilige Johannes postiert wurde. Das fast vier Meter hohe Christuskreuz weist an seinem Sockel eine kleine Nische auf. Um eine eingemeißelte Darstellung des heiligen Martin wurden dort Ranken und Putten gruppiert. Und während auf der anderen Straßenseite die Moderne west, kommt das aus Sandstein gefertigte Ensemble genauso verwittert daher wie die beiden davor platzierten Bänkchen.

Adresse Kerpen-Langenich, Stiftsstraße | **Anfahrt** A61, Ausfahrt Türnich, dann Richtung Kerpen und links auf die Stiftsstraße. Die Kreuzigungsgruppe liegt am Ortseingang von Langenich an der Südseite der Straße. | **Tipp** Im katholisch-kirchlichen Rahmen bewegt man sich auch im Kolpingmuseum. Es findet sich in Kolpings Geburtshaus, Obermühle 21, nur ein paar Hundert Meter weiter gen Kerpen. Besichtigung nach telefonischer Vereinbarung unter 02237/3728.

52 Das Pferdestall-Café

Kaffee, Kuchen und Bücher auf Schloss Türnich

Auf der einen Seite hängen noch die Eisenringe in der Wand, an denen einst die gräflichen Pferde befestigt wurden. Und auf der anderen streckt sich ein Kuchenbüfett durch den Raum, das keine Vergleiche mit feinen Kaffeehäusern scheuen muss. Die eigentliche Entdeckung folgt jedoch ein paar Meter weiter. Hinter der nächsten Tür nämlich liegt das Café von Schloss Türnich, eine durchweg extravagante Räumlichkeit.

Beinahe fühlt man sich selbst wie ein Burgherr, wenn man sich hier zum Kaffee niederlässt. Historische Kacheln schmücken den Boden, während der hohe Saal von einem gusseisernen Ofen erwärmt wird. Die Wände wiederum sind ringsum mit dunkelbraunen, altehrwürdigen Holzregalen versehen. Weil diese Präsenzbibliothek aus dem Fundus der Hausherren bestückt wurde, finden sich hier diverse Schätzchen. Bibliophil gesonnene Besucher werden möglicherweise das Konversationslexikon von 1895 oder die stockfleckige Bibel aus dem Jahr 1839 bewundern. Oder sie nehmen jenes Griechisch-Deutsch-Lexikon zur Hand, das zwar die Ausmaße von vier Briketts hat, im Untertitel aber als »Kleines Handwörterbuch« firmiert.

Dass hier im ehemaligen Stalltrakt ein Café eingerichtet wurde, hat – wie so vieles im Kerpener Raum – mit der Braunkohle zu tun. Die Absenkung des Grundwasserspiegels sorgte über die Jahre für erhebliche Schäden im Mauerwerk des Hauptgebäudes. Das rheinische Wasserschloss aus dem 18. Jahrhundert ist seit rund 30 Jahren unbewohnbar. Wer die seit langem ungestrichene Fassade betrachtet, dem kommen unweigerlich Vokabeln wie jene vom »morbiden Charme« oder vom »Dornröschenschlaf« in den Sinn. Ebenso wildromantisch wirkt der wunderschöne, mit verstreuten Skulpturen geschmückte Park des Schlosses, an den sich ein französischer Garten anschließt. Außerdem unterhalten die Schlossherren einen ökologischen Obstgarten, dessen Erzeugnisse stets frisch im Café erstanden werden können.

Adresse Kerpen-Türnich, Schloss Türnich | **Anfahrt** A61, Ausfahrt Türnich oder direkt über die L264/Dürener Straße bis Türnich | **Öffnungszeiten** Café: März–Okt. Mo–So 12–18 Uhr | **Tipp** Der französische Garten und die hübsche Schlosskapelle sind im Rahmen von unregelmäßigen Führungen zu besichtigen, siehe www.schloss-tuernich.de.

53__Das Qwertzuiopü

Ein Museum für Schreibmaschinen

Warum konnten noch in den 1970er Jahren sogenannte »Bekenner-schreiben« von Verbrechern so leicht zurückverfolgt werden? Ganz einfach: Weil jede Schreibmaschine – Computer gab es noch nicht – ganz individuelle Abdrücke hinterlässt. Kein A ist wie das andere, kein Typenhebel trifft mit exakt der gleichen Wucht auf die Walze wie irgendein zweiter.

Wer also zunächst denken mag, dass ein Schreibmaschinenmuseum nicht besonders spannend sei, der wird in Kerpen-Sindorf eines Besseren belehrt. Schreibmaschinen spiegeln die Entwicklung der Technik- und Kommunikationsgeschichte der letzten rund 150 Jahre. Die ersten in Serie produzierten Geräte entstanden ab 1867. Berühmt wurde die 1873 von den Amerikanern Sholes & Glidden entworfene Remington I, die seinerzeit für 125 Dollar, ein Fünftel des durchschnittlichen Jahreseinkommens, auf den Markt kam. Sie findet sich hier ebenso wie der Vorläufer des Laptops, also der mobilen Schreib-Maschine: Die Bennett für Journalisten aus dem Jahr 1910 misst nur rund 10 mal 20 Zentimeter und passt somit in jede Jackettasche.

Nahegebracht wird einem die Welt der Schreibmaschinen durch den Museumschef persönlich. Rudolf Doose ist gelernter Büromaschinenmechaniker, leidenschaftlicher Sammler und Museumsführer in einem. Wer ihm zuhört, wird Schreibmaschinen nicht zuletzt auch als feinmechanische Kunststücke sondergleichen bewundern. Sieht man nämlich genauer hin, stößt man bei den älteren Exemplaren auf beinahe unglaublich exakt gearbeitete, fragile Holzelemente. Ebenso faszinierend: die verschiedenen Lösungen der Schreibmaschinenpioniere, wie auf engstem Raum mehrere Dutzend Zeichen zu verteilen und diese dann linear auf ein Blatt Papier zu übertragen seien.

Und wer nach einer Erklärung für den zungenbrecherischen Namen dieses Museums sucht, der betrachte einmal die oberste Buchstabenreihe seiner Computertastatur.

Adresse Kerpen-Sindorf, Erftstraße 85 | **Anfahrt** A4, Ausfahrt Kerpen, dann über die L122 (Erfttalstraße) nach Sindorf und dort links in die Erftstraße | **Öffnungszeiten** Nach Absprache, auch für Einzelpersonen, Tel. 02273/5668843 | **Tipp** Auf Feinmechanik und Technologiegeschichte stößt man auch in der unfernen Villa Trips (siehe Seite 118).

54_ Der Strategische Bahndamm

Ein künstlicher Bergrücken von 1904

Fährt man die Horremer Merodestraße bis zu ihrem Ende durch, landet man an einem kleinen Parkplatz im Wald. Der dort beginnende Fußweg führt auf den ersten paar Hundert Metern über gleich vier Wasserwege: die Kleine Erft, den Kölner Randkanal, den Erftkanal und die Große Erft. Direkt vor dem Randkanal jedoch unterquert man ein seltsames landschaftliches Gebilde, das im ersten Moment an einen langgezogenen Bergrücken erinnert. Erklettert man allerdings den gut zehn Meter hohen Abhang, stößt man überall auf kinderfaustgroße, graubraune Steine, die einem irgendwie bekannt vorkommen. Und richtig: Das sind genau jene Dinger, die ansonsten das Schotterbett zwischen den Schwellen von Bahngleisen füllen.

Denn wer dort oben im Gestrüpp stöbert, befindet sich tatsächlich auf dem Damm einer Eisenbahnstrecke. Der ab 1904 errichtete Strategische Bahndamm sollte das Ruhrgebiet mit dem deutschen Südwesten und den lothringischen Industriegebieten verbinden. Der Vorsatz »Strategisch« besagt, dass diese Strecke nicht zivilen, sondern militärischen Zwecken hätte dienen sollen. Hier ging es um die Nachschubregelung im Falle eines erneuten Krieges gegen Frankreich.

Der Krieg kam zwar, und schon zehn Jahre nach Baubeginn, aber die Strategische Bahn wurde nie vollendet. Auf Drängen der westlichen Nachbarn untersagte der Versailler Vertrag den Weiterbau. Das einzige je fertiggestellte Stück führte von Rommerskirchen durchs Kerpener Gebiet nach Liblar. Auch an Horrem vorbei fuhren bis ins Jahr 1961 Personenzüge, noch zehn Jahre länger wurden auf diesen Gleisen Kohlen transportiert. Die Schienen deinstallierte man danach wegen des wertvollen Stahls. Die Schottersteinchen blieben, und auch die einmal aufgeworfenen Dämme. Als Militäranlage gescheitert, bilden sie heutzutage eine bewaldete, markante Silhouette in einer ansonsten durchweg flachen Landschaft.

Adresse Kerpen-Horrem. Westlich von Horrem zwischen Kölner Randkanal und L163 finden sich zahlreiche Reste des Bahndamms. Am anschaulichsten jedoch ist die Annäherung über die im Text genannte Merodestraße. | **Anfahrt** A4, Ausfahrt Kerpen, dann über Sindorf nach Horrem | **Tipp** Direkt am Parkplatz findet sich eine Statue der Horremer Rennsportlegende Wolfgang Graf Berghe von Trips (siehe Seite 118).

55___Die Villa Trips

Ein deutscher Graf in der Formel 1

Als am 10. September 1961 der Große Preis von Italien in Monza gestartet wurde, saß die deutsche Rennsportgemeinde gebannt vor den Radios und Fernsehern. Schließlich benötigte Wolfgang Graf Berghe von Trips in seinem Ferrari nur noch einen einzigen Sieg, um vorzeitig Weltmeister zu werden. Aber die erhoffte Triumphfahrt wurde zur Katastrophe: In der zweiten Runde kollidierte Trips mit dem schottischen Lotus-Fahrer Jim Clark. Der Bolide des Grafen hob ab und schleuderte in eine Zuschauertribüne, auf der 15 Menschen den Tod fanden. Trips erlag einem Genickbruch.

Geboren wurde der Graf 1928 auf Burg Hemmersbach, einer mittelalterlichen Wasserburg in Horrem. Ursprünglich hatte er dort der nächste Schlossherr werden sollen, aber zunächst erwachte seine Rennsportleidenschaft. 1953 absolvierte er in einem Porsche sein erstes Rennen. 1956 fand er den Weg zu Ferrari und in die Formel 1, erste WM-Punkte fuhr er 1957 ein. Bald schon hatte er wegen seines risikofreudigen Fahrstils den Spitznamen »Taffy« weg (von englisch »tough« = mutig, stark). Seine zahlreichen Unfälle bescherten ihm allerdings zugleich den Ruf als Bruchpilot.

Dass dem gräflichen Rennsportenthusiasten posthum ein ganzes Museum gewidmet wurde, verdankt sich nicht zuletzt der Tatsache, dass er ein Einzelkind war. Um ihr Erbe nicht an den Staat zu verlieren, entschieden sich Graf Eduard und Gräfin Thessa, eine Stiftung zugunsten ihres berühmten Sohnes zu gründen. Heutzutage steckt die neben der Burg gelegene Villa Trips voller interessanter Erinnerungsstücke an den rheinischen Raser, vom Kinderspielzeug bis zu einem seiner späteren Unfallwagen. Weitere Räume sind der Rennsportgeschichte im Allgemeinen gewidmet und erinnern unter anderem an eine folgenreiche Innovation des Grafen: Er war es nämlich, der 1960 die ersten Karts aus den USA nach Deutschland brachte und in diesem Zusammenhang auch die erste Rennstrecke konzipierte.

Adresse Kerpen-Horrem, Parkstraße 20 | **Anfahrt** A4, Ausfahrt Kerpen, dann über Sindorf nach Horrem. Die Villa Trips, gelegen direkt neben der Burg Hemmersbach, ist im Ortsbereich ausgeschildert. | **Öffnungszeiten** So 14–18 Uhr, für Gruppen auch nach Absprache, Tel. 02273/940670 | **Tipp** Wer selbst einmal rasen möchte, der besuche die Kartbahn von Michael Schumacher direkt an der A4, Ausfahrt Kerpen (siehe auch www.ms-kartcenter.de).

56 Der Wenzelnberg

Ein Ehrengrab für 71 Nazi-Opfer

Wer am Wenzelnberg ein Loch gräbt, entdeckt ziemlich bald ein sehr helles, kleinkörniges Material: Sand. Der rund 111 Meter hohe Hügel bildet nämlich, zusammen mit dem südlich gelegenen Spürklenberg und dem Kellerhansberg, den einzigen Überrest der ehemaligen Leichlinger Sandberge. Das Material stammt aus urzeitlichen Meeren und wurde vom Rhein hierhin befördert, auf dessen Mittelterrasse die Sandberge liegen. Abgebaut wurden sie vor allem wegen des zerriebenen Kalks ehemaliger Meeresbewohner, der der Glas- und Baustoffindustrie als wertvoller Rohstoff diente.

Auf halber Höhe stößt der Besucher auf ein Mahnmal, das auf ein Ereignis vom Ende des Zweiten Weltkriegs verweist. Am 13. April 1945 erschoss die Gestapo hier 71 Männer, die man aus einem nahegelegenen Gefängnis gekarrt hatte. In der Hauptsache handelte es sich um politische Gefangene. Sie wurden jeweils zu zweit an den Daumen zusammengebunden und starben durch Genickschuss.

Nach längeren Überlegungen hatten die Nazi-Schergen sich für den Wenzelnberg als Ort der Tat entschieden. Die Schlucht nahe dem bewaldeten Gipfel verhieß größtmögliche Klandestinität, und jenen Arbeitern, die die Grube aushoben, erzählte man, hier entstehe ein Panzergraben.

Wenige Tage später besetzten amerikanische Infanterieeinheiten das Gebiet. Zusammen mit einheimischen Antifaschisten besorgten sie die Aufklärung des Massenmordes. 40 bekannte NSDAP-Mitglieder wurden dazu verpflichtet, die Leichen wieder auszugraben, die gesamte Bevölkerung hatte auf Befehl des US-Kommandeurs an der Trauerfeier teilzunehmen. Nachdem man die Opfer zunächst vor dem Ohligser Rathaus beerdigte, wurden ihre Särge 1965 in das neu angelegte Mahnmal am Wenzelnberg überführt. In jährlichem Wechsel richten seither die umliegenden Gemeinden (Langenfeld, Leverkusen, Remscheid, Solingen und Wuppertal) eine Gedenkfeier für die Ermordeten aus.

Adresse Langenfeld-Wiescheid, Wenzelnberg | **Anfahrt** A3, Ausfahrt Solingen, dann östlich auf die B229 (Hardt). Ein Wanderweg beginnt dort zum Beispiel gegenüber von Hausnummer 218. | **Tipp** Nur noch ein kleiner Aufstieg ist es vom Mahnmal bis zum Gipfel mit schlichtem Kreuz und Ruhebank.

57_ Der Schalenschneider-kotten

Messergriffe für Solingen

Der Langenfelder Volksgarten ist weder besonders groß noch besonders hübsch bepflanzt. Außerdem liegt er direkt an der vielbefahrenen B8. Dass er dennoch eine Reise wert ist, verdankt er einem Glashaus. Der vierseitig einsehbare Bau beherbergt eine historische Werkstatt, die einst ein für das Bergische Land typisches Produkt hervorbrachte. Das nahe Solingen ist seit jeher bekannt für seine Klingen, und solche Teile brauchen Griffe. Diese bestanden jahrhundertelang ausschließlich aus Holz und wurden von zuliefernden Handwerkern wie dem Wiescheider Wilhelm Jacobs gefertigt. Dabei gilt es, zwei Techniken zu unterscheiden: Besteht der Griff aus einem einzigen Stück Holz, in das die Klinge mittels eines Schlitzes eingeführt wird, war der Heftschneider am Werk. Dem gegenüber stehen Griffstücke aus zwei um die Klinge geschlossenen Schalen. Deshalb heißt das kleine Freilichtmuseum Schalenschneiderkotten.

Als Jacobs den Betrieb 1988 einstellte und wenig später starb, drohte der Abriss. Ein engagierter Lokalpolitiker jedoch wusste dies zu verhindern und setzte eine wissenschaftliche Prüfung in Gang. Diese kam zu dem Ergebnis, dass es sich bei Jacobs' Hinterlassenschaft um ein »außergewöhnliches technisches Denkmal« handele. – Und dies völlig zu Recht.

Wer heutzutage hier entlangwandert, staunt ob der vielen verschiedenen Arbeitsgänge, die für solch ein kleines Messerteil doch notwendig sind. Veranschaulicht wird dies nicht nur durch die Originalmaschinen, von denen hier mehrere Sägen, Fräsen oder die Rommeln zum Färben der Griffe ausgestellt sind. Auch die ausführlichen Texte an den Glaswänden verschaffen dem Besucher einen nahezu vollständigen historischen Überblick über ein regional verwurzeltes, inzwischen ausgestorbenes Handwerk. Ein Handwerk, für das man ganz offenbar ein »feines Händchen« brauchte.

Adresse Langenfeld, Volksgarten, Ecke B8 (Düsseldorfer Straße) und Berliner Platz |
Anfahrt A542, Ausfahrt Reusrath, links auf die Kölner, die zur Düsseldorfer Straße wird |
Öffnungszeiten Man sieht von außen genug. Führungen sind obendrein möglich unter
Tel. 02173/9193962. | **Tipp** Direkt vor dem Kotten steht ein Wegestundenstein aus der
Postkutschenzeit.

58_ Das Vorlaubenhaus

Ab durch die Luke

Silvester 2009/10 wäre es beinahe aus gewesen mit dem Schmuckstück an der Opladener Straße. Ein Brand war in den Nebengebäuden von Gut Hecke, wie das Anwesen heißt, ausgebrochen. Die Flammen zerstörten mehrere Autos und drohten auf das Haupthaus überzugreifen. Erst nach mehrstündigem Kampf und durch die Errichtung einer schützenden »Wasserwand« gelang es der Feuerwehr, dieses in der Region einmalige Denkmal zu erhalten.

Angeblich, so liest man in jedem Text zum bergischen Vorlaubenhaus, hat hier Napoleon übernachtet, als er mit seinen Truppen auf dem Weg nach Russland und in die Katastrophe war. Aber es braucht nicht solch eines Gerüchtes, um dieses archaische Bauwerk zu bewundern. Vorlaubenhäuser, der Name sagt es bereits, weisen eine von Pfeilern getragene Laube auf, die vor dem Haus angebaut ist. Immer handelt es sich um rustikale, bäuerliche Gebäude. Ist der Säulengang hingegen Teil einer Villa, spricht man eher von einem Portikus. Wie die meisten Vorlauben, so wurde auch die Reusrather mit attraktivem Fachwerk ausgestattet. Neben ornamentalen Elementen findet sich im Giebel auch die Jahreszahl der Erbauung: 1717. Über der Tür wiederum steht ein langer Spruch, der um ebenjenen Segen bittet, welcher dem Haus in der erwähnten Silvesternacht zuteilwurde.

Vorlauben boten mehrere Vorteile. Zum einen konnte man hier Pferde trocken unterstellen. Nicht selten nämlich waren solche Häuser mit einer Schankwirtschaft verbunden, in der sich die Überlandkutscher erfrischten. Aber auch der Bauer profitierte von dieser Konstruktion. Von der Vorlaube führte eine Luke nach unten, durch die die Getreidekarren be- und entladen werden konnten, denn hier wurde das Korn gelagert. Im »Getreideboden« ließ sich zudem sommers gut schlafen. Und da die Lauben normalerweise zur Straße hin gebaut waren, konnte man hier aus bequemer und erhöhter Position das übrige Dorfgeschehen beobachten.

Adresse Langenfeld-Reusrath, Opladener Straße 197 | **Anfahrt** A3, Ausfahrt Opladen, links parallel zur A3, bis links die Opladener Straße abgeht | **Öffnungszeiten** Das Haus wird privat bewohnt. | **Tipp** Eine weitere Reusrather Sehenswürdigkeit ist die »Kirchenwüstung« am Markt. Mittels Grundrissmauern werden hier Gotteshäuser in verschiedenen Bauphasen ab der Romanik nachgezeichnet.

59__ Die Champignonzucht

Edelpilze aus dem Bergischen

Da gibt es zum Beispiel den Pom-Pom blanc. Den nennt man auch Igelstachelbart, und wer ihn mal vor Augen hatte, der wird diesen Namen für vollkommen zutreffend halten. Kein anderes Lebensmittel enthält so viele Vitamine der Klassen A und H wie der Pom-Pom blanc. Seine wunderbarsten Fähigkeiten aber entfaltet er in der Küche: Sanft gekocht schmeckt er nach Blumenkohl, scharf angedünstet wie ein Steak.

Wenn Peter Marseille seine Gäste in die Welt der Pilze einführt, dann springt seine Begeisterung schnell über. Der Mann kann ohne Probleme drei Stunden von diesen seltsamen Lebewesen erzählen, sogar Kinder hören dann gebannt zu. Das liegt nicht zuletzt daran, dass der Pilzzüchter sämtliche Behauptungen mit Anschauungsmaterial unterlegen kann. In den Regalen seiner Vortragsscheune lagern bekannte Pilze neben schrägen Exoten, die man als Laie eher für Korallen oder Kakteen hält. Darüber hinaus wird man während so einer Sitzung mit verschiedenen Pilzgerichten versorgt, deren Verzehr das neu erworbene Wissen perfekt abrundet.

Bergerhof, ein Stadtteil von Leichlingen, liegt auf einem Höhenrücken des Bergischen Landes. Von hier oben sieht man an einem klaren Tag den Düsseldorfer Fernsehturm genauso wie den Kölner Dom. Seit 1970 züchten die Marseilles hier Pilze, inzwischen auch den immer beliebter werdenden Shitake. Die Nummer eins bleibt jedoch der Champignon, ein Pilz, von dem weltweit über tausend Sorten existieren. So unterscheidet man etwa den Perlhuhnchampignon, den Dünnfleischigen Anis- und den Wiesenzwergchampignon. In den klimatisierten Hallen stapeln sich lange Bleche – Beete, aus denen Tausende von weißen und braunen Köpfchen hervorlugten. Zwar ist der schlohweiße Zuchtchampignon in Europa der mit Abstand beliebteste Speisepilz, aber auch sein etwas dunklerer Bruder kommt recht gut an. Die markante Färbung erhielt er übrigens durch eine Kreuzung des Originals mit dem Erbgut von Steinpilzen.

Adresse Leichlingen-Bergerhof, Bergerhof 71 | **Anfahrt** A3, Ausfahrt Opladen, links auf die Bonner Straße (B8), dann über Bergisch Neukirchen, Imbach und Leichlingen nach Bergerhof | **Öffnungszeiten** Verkaufszeiten: Mo–Sa 8–18, So 10–12 Uhr. Besichtigungen sind im Rahmen angemeldeter Führungen möglich, Tel. 02175/4282. | **Tipp** Östlich von Bergerhof liegt um den Schmerbach herum ein hübsches Wandergebiet.

60__ Die Bauhaus-Tankstelle

Ein Pilz mit Fifties-Charme

Mietskasernen, eine Bäckerei, ein Tattooladen: Eigentlich ist an der Ecke Lützenkirchener und Bergstraße in Quettingen nicht viel zu sehen. Wäre da nicht dieser seltsame Pilz, der ganz offenbar in eine andere Zeit gehört. Wer schon einmal die Tankstelle zwischen Köln-Deutz und -Kalk bewundert hat, kommt der Sache näher. Denn auch in Quettingen stand einst eine klassische Fifties-Tanke.

Das kreisrunde Dach schützte früher die Zapfsäulen. Zusammen mit der sich leicht nach unten hin verjüngenden Stahlbetonsäule entstand hier eine sehr reine, edelschlichte architektonische Form. Der durchgehend weiße Anstrich vertieft diesen Eindruck zusätzlich, und Fans alter Möbel werden sich erinnern: Ein paar Jahre später, Ende der 1960er, Anfang der 1970er, waren ganz analog geformte Tische in Mode. Die bestanden dann allerdings aus glänzendem Kunststoff.

Ebenfalls weiß gehalten sind die alte Wagenhalle und der Verkaufsraum. Das Gebäude-Ensemble erinnert mit seiner dezenten Funktionalität an den Bauhaus-Stil, und nicht zuletzt deshalb steht es inzwischen auch unter Denkmalschutz. 1959, als man den Bauantrag stellte, war die Quettinger Tankstelle die erste in weitem Umkreis. Fünf Jahre zuvor war in Wiesdorf die erste Leverkusener Ampelanlage in Betrieb gegangen. All dies waren Folgen der Wirtschaftswunderjahre, die auch der Autoindustrie einen enormen Boom bescherten.

Tanken kann man heutzutage auch noch auf dieser Straße. Allerdings muss man dafür hundert Meter weiter zu den zeitgenössischen Zapfsäulen von Esso fahren. Von dem markanten Fifties-Pilz blättert inzwischen die Farbe ab, und unter seinem Dach stehen dicht gedrängte Gebrauchtwagen. Schön und stimmig wäre es, dort fände man Autos wie die BMW Isetta 250, den Opel Kapitän 51 oder einen Borgward Isabella Cabrio, die ebenfalls aus den 50er Jahren des letzten Jahrhunderts stammten. Aber dem ist nicht so.

Adresse Leverkusen-Quettingen, Lützenkirchener Straße 210 | **Anfahrt** A3, Ausfahrt Opladen, links auf die Bonner Straße und am Kreisverkehr hinter dem Rennbaumplatz rechts auf die Pommernstraße, die zur Lützenkirchener wird | **Tipp** Von hier aus ist es nicht weit bis zum – ebenfalls schneeweißen – Rokoko-Altar von Bergisch Neukirchen (siehe Seite 140).

61__Die Heilquelle

Gezelin und die Dürre

An der gegenüberliegenden nordöstlichen Ecke des Bürgerbuschs steht der Teufelsstein (siehe Seite 144), dem manch magische Wirkung zugesprochen wird. Aber während der Aberglaube dort oben ins Ungeheuerliche und zu den dunklen Mächten führt, herrschen hier im Süden christlich-göttliche Anschauungen vor. Der Ursprungsmythos der Gezelin-Kapelle besagt, dass hier der heilige Hirte eine lange Dürreperiode beendet habe, indem er seinen Hirtenstab in die Erde stieß. Die dabei zutage getretene Quelle habe dann nicht nur zur Bewässerung der brachliegenden Felder gedient, sondern zudem eine heilbringende Wirkung entfaltet. Vor allem Augenleiden und Kinderkrankheiten sollen durch das Wasser gelindert werden, außerdem helfe es gegen Unfruchtbarkeit. Um Gott für dieses Wunder zu danken, sei an Ort und Stelle die Gezelin-Kapelle erbaut worden.

Auch heute noch entspringt dieser Quell direkt unter dem Kapellenaltar. Über einen ins äußere Mauerwerk eingebrachten Hahn kann das heilbringende Wasser von Pilgern und sonstigen Besuchern abgezapft werden. Wegen des von der Norm abweichenden Kohlensäuregehalts muss die Stadt darauf hinweisen, dass es sich nicht um Trinkwasser handelt. Getrunken werden kann es dennoch bedenkenlos, so, wie man es auch in der Vergangenheit stets handhabe. Denn vor allem im 18. Jahrhundert herrschte, gefördert durch den auf Schloss Morsbroich residierenden Deutschritterorden, ein regelrechter Gezelin-Kult im Bergischen Land. Seine zwischenzeitlich zerstörte Kapelle war 1659 wiederaufgebaut worden. Fortan fanden hierhin Wallfahrten statt, und man hielt einen regelmäßigen Jahrmarkt zu Ehren des Heiligen ab.

War der Schäfer Gezelin heilig, der große Findling im Bürgerbusch hingegen teuflisch? Die Antwort steht in den Sternen. Klar ist jedoch: Wer als Durstiger an diese Quelle gelangt, wird erfrischt werden. Und das ist ja auch schon mal was.

Adresse Leverkusen-Alkenrath, an der Alkenrather Straße | **Anfahrt** A3, Ausfahrt Leverkusen, rechts auf den Willy-Brandt-Ring, links auf die Kalk-, rechts auf die Gustav-Heinemann- und halblinks auf die Alkenrather Straße. Direkt rechts liegt die Kapelle. | **Öffnungszeiten** Die Kapelle ist durch einen gläsern abgetrennten Vorraum einsehbar. Der Außenhahn der Heilquelle sprudelt täglich von 8.30–11 und 13–18.30 Uhr. | **Tipp** Auch im Maternusportal des Kölner Doms findet sich eine Gezelin-Darstellung. Er ist der unterste rechts in der dritten Archivolte. Die Henkelkanne neben ihm weist auf die heilige Quelle hin.

62 Die Kaiser-Wilhelm-Allee

Zentrale Achse des Bayer-Konzerns

Wer auf dem Leverkusener Stadtplan die Bayer AG sucht, entdeckt mitten im Grau und Gelb der Industrieanlagen eine grüne Insel: den Carl-Duisberg-Park. Und wie man hier genau zwischen den Schloten das Grün installierte, so auch die komplette Führungsetage. Sämtliche wichtigen Gremien residieren in Bauten entlang der den Park begrenzenden Kaiser-Wilhelm-Allee. Zugleich spiegelt sich hier auf wenigen Hundert Metern auch eine kleine Architekturgeschichte der letzten hundert Jahre.

Wo es rechts ab zum sogenannten Chempark mit seinem Mix aus Chemiefirmen geht, steht links das Bayer-Kasino. Es wurde 1914 eröffnet. Als architektonischer Höhepunkt der Allee gilt jedoch die alte Hauptverwaltung. Der wuchtige Steinbau, fertiggestellt 1913, symbolisiert das Machtbewusstsein des aufstrebenden, zum Baubeginn gerade einmal 40-jährigen Konzerns. Dass die Seitenflügel nach dem Zweiten Weltkrieg aufgestockt wurden, trägt nicht gerade zur Eleganz des Gebäudes bei, befördert allerdings den klotzigen Eindruck. Ehrfurchtheischend auch das Foyer samt herrschaftlichem Treppenhaus: Hier trifft man auf Wandverkleidungen aus schwarzem Marmor, auf vergoldete Tapeten und eine imposant ausgestaltete Kassettendecke. Genau über der Hallenmitte schwebt die Bronzeplastik einer Nike und schaut auf den Betrachter hinab. Wer um Erlaubnis fragt, dem gestattet der Pförtner einen kleinen Rundgang zwischen Foyer und Treppenhaus.

Ein ganz anderes Image intendierte man, als im Jahr 2000 direkt gegenüber der alten mit dem Bau der neuen Hauptverwaltung begonnen wurde. Diesmal nämlich entschied man sich für – optische – Transparenz und stellte ein rundum verglastes Gebäude auf die Wiese. Das Skelett aus Stahlbeton stützt drei Geschosse, allein die Eingangshalle streckt sich 15 Meter in die Höhe.

Adresse Leverkusen-Wiesdorf, Kaiser-Wilhelm-Allee | **Anfahrt** A3, Ausfahrt Leverkusen, dann links auf den Willy-Brandt-Ring und wieder links auf die B8 (Friedrich-Ebert-Straße). Als nächste Straße rechts folgt die Kaiser-Wilhelm-Allee. | **Tipp** Auf der anderen Seite der B8 beginnt die sogenannte Beamtensiedlung mit ihren alten Villen für hohe Angestellte des Konzerns. Herzstück des Carl-Duisberg-Parks südlich der Allee ist der virtuos gestaltete Japanische Garten.

63 Die Kleinsthaussiedlung
40 Quadratmeter für die Einkommensschwächsten

Gibt man in eine Internet-Suchmaschine das Wort »Kleinsthaussiedlung« ein, bekommt man nur wenige Meldungen. Und fast alle beziehen sich auf jene kleine Siedlung mit den kleinen Häusern in Manfort, dem – wie könnte es anders sein – kleinsten Stadtteil von Leverkusen.

Begibt man sich dann vor Ort, biegt also von der belebten Kalkstraße in die Heidehöhe ab, mag man so manches kaum glauben. Sie sind wirklich sehr schmal, diese Häuschen, und vermutlich auch nicht sehr tief. Außerdem bestehen sie aus lediglich anderthalb Stockwerken, die obere Etage wird also von Dachschrägen abgeschlossen. Aber sind es wirklich nur 40 Quadratmeter, die zwischen diese Mauern passen? Und konnten auf diesem beengten Raum tatsächlich ganze Familien untergebracht werden?

Ja, das ging. Die Industrialisierung des 19. Jahrhunderts hatte das Proletariat hervorgebracht, aber schnell auch ein Subproletariat. In den Fabriken wurden Facharbeiter, aber auch Kräfte für einfache und einfachste Tätigkeiten benötigt. Wobei sich »einfach« natürlich nicht auf die körperlichen Anforderungen bezieht, denn die waren je nachdem enorm. Für jene einkommensschwächsten Arbeiterfamilien jedenfalls wurden Siedlungen wie die Heidehöhe in Manfort geschaffen. Nach der Fertigstellung im Jahr 1920 wohnte man hier unter seinesgleichen und entlastete die Haushaltskasse durch Selbstversorgung. Die recht großzügigen Innenhöfe dienten als Gemüsegärten. Wer jedoch heute hier zu Besuch ist, staunt über ein innerstädtisches Idyll zwischen Bahntrassen, Schnellstraßen und Fabrikanlagen. Die liebevoll renovierten Häuser mit ihren grün gestrichenen Fensterläden und den aufgesetzten Steinreliefs verströmen einen romantischen Dornröschen-Charme. Und wer einmal einen der tunnelartigen, in die Gartenbereiche führenden Durchgänge passiert hat, der möchte beinahe hier wohnen. Schön wäre dann natürlich, man verfügte über mindestens zwei dieser einladenden »Kleinsthäuser«.

Adresse Leverkusen-Manfort, Heidehöhe | **Anfahrt** A3, Ausfahrt Leverkusen, dann rechts auf den Willy-Brandt-Ring und von diesem links in die Kalkstraße, von der die Heidehöhe abgeht | **Tipp** Zum Vergleich besichtige man das als Museum gestaltete Koloniehaus (siehe Seite 136).

64_ Das Koloniehaus

Eine Malocherwohnung von 1930

Rund um das riesige Gelände von Bayer stehen bis heute die verschiedenen Siedlungen, die der Konzern für seine Arbeiter und Angestellten errichten ließ. Wer etwa die B8 direkt an der Kaiser-Wilhelm-Allee quert, gelangt in die sogenannte »Beamtenkolonie«. Als Beamte titulierte man intern die höheren Angestellten der Firma, und dementsprechend villenartig präsentieren sich ihre Häuser. Viel schlichter kommen dagegen die Wohnungen der einfachen Arbeiter daher, wie sich schön anhand eines museal gestalteten Koloniehauses studieren lässt. Hier entsprechen Mobiliar und technische Ausstattung den Lebensverhältnissen um 1930. Sämtliche Ausstellungsstücke in diesem kleinen Alltagsmuseum sind Originale, keines von ihnen musste angekauft werden. Ob der gusseiserne Ofen, die per Handkurbel zu bedienende Wäschetrommel oder das mit Stickdeckchen verzierte Sofa: Sämtliche Utensilien wurden von ehemaligen Bewohnern gespendet.

Die Häuser der Kolonie II, wie sie ursprünglich hieß, konnten ab 1905 bezogen werden. Ihre Planung verlief parallel zum Umzug des Konzerns von Wuppertal nach Leverkusen. Initiiert wurden sowohl der Standortwechsel als auch Siedlungen wie diese von Carl Duisberg (1861–1935), ab 1912 Vorstandsvorsitzender von Bayer. Dabei ging es ihm primär nicht um das Wohlergehen seiner Arbeiter, sondern um das seines Betriebes. Dafür jedoch benötigte er gesunde Malocher, und deshalb bekamen sie, was Duisberg für nötig hielt: Eine werkseigene große Grünfläche (den Carl-Duisberg-Park) zum Frischeluftschnappen, geräumige Häuser und großzügige Gärten, in denen Gemüse angebaut werden konnte. Aber dafür mussten sie auch tun, was Duisberg für richtig hielt. Der Zustand der Wohnungen wurde auf Geheiß der Firmenleitung regelmäßig überprüft. Wer seine Räume in Schuss hielt, bekam eine Urkunde und auch mal ein echtes Gemälde als Leihgabe für die gute Stube. Wer sie herunterwirtschaftete, flog raus.

Adresse Leverkusen-Wiesdorf, Nobelstraße 78/82 | **Anfahrt** A3, Ausfahrt Leverkusen, dann links auf den Willy-Brandt-Ring, rechts auf die Friedrich-Ebert- und direkt wieder links auf die Titanstraße. Am Kreisverkehr am Rhein rechts auf die Dhünn- bis zur Nobelstraße | **Öffnungszeiten** Sa 15–18, So 11–13 und 15–18 Uhr | **Tipp** Interessant ist ein vergleichender Gang durch die Kleinsthaussiedlung in Leverkusen-Manfort (siehe Seite 134).

65_ Das Kran-Café

Panoramablick im alten Führerhaus

Zwischen der Schweiz und den Niederlanden gibt es viele hübsche Biergärten mit Blick auf den Rhein. Einer der ungewöhnlichsten findet sich in Leverkusen-Hitdorf, wo man seinen Kaffee im Führerhaus eines alten Krans genießen kann.

Das gesamte Mittelalter über mussten rheinaufwärts fahrende Schiffe in Hitdorf ihre Waren an Land verfrachten. Wieso? – Weil hier, bei Rheinkilometer 706/707, eine natürliche Kiesbank im Fluss lag, die das Passieren schwer beladener Boote verhinderte. Für Hitdorf war dieser Kies ein Segen, brachte er doch Arbeitsplätze und Geld in den Ort. Das Ende dieser Epoche nahte in der ersten Hälfte des 19. Jahrhunderts mit dem Aufkommen der Dampfschifffahrt. Mit ihr kam auch der Kapitalismus richtig in Fahrt, die »Hitdorfer Platte« wurde abgetragen. Einen kurzen Aufschwung erfuhr der Ort zwischen 1852 und 1857, als sich hier viele Armutsemigranten nach Amerika einschifften. Aber der Bau von regionalen Eisenbahnlinien bedeutete für die Hafenwirtschaft einen weiteren schweren Dämpfer.

Eine erneute Wende zum Guten brachte dann eine Kleinbahnstrecke, die den Hitdorfer Hafen an die wichtige Köln–Mindener Eisenbahnlinie anschloss. 1908 war das, und zwanzig Jahre später wurde jener historische Kran installiert, der nun seit 1997 als Ausflugslokal dient. Der sogenannte Greiferdrehkran fuhr ursprünglich auf Schienen parallel zum Fluss, um Waren vom Schiff auf die am Kai wartenden Lastwagen umzuschlagen. In den 1970er Jahren jedoch ging auch diese Ära zu Ende. Der Kran verfiel und sollte eigentlich verschrottet werden.

Es sind nur ein paar eiserne Stufen bis zum alten Führerhaus. Dennoch sitzt man hier oben wie auf einem Panoramapodest. Weit reicht der Blick über den heutigen Jachthafen und die grüne Langeler Aue auf der anderen, der Kölner Flussseite. Wer dort einen Spaziergang anschließen möchte: Ein paar Meter weiter östlich erreicht man die Hitdorfer Autofähre.

Adresse Leverkusen-Hitdorf, Ecke Werft- und Rheinstraße | **Anfahrt** A59, Ausfahrt Rheindorf, dann weiter über die Hitdorfer Straße | **Öffnungszeiten** Täglich 11–22 Uhr | **Tipp** Der direkt gegenüberliegende Bergische Hof wartet mit einigen imposanten Hochwassermarken auf.

66_ Der Rokoko-Altar

Blumen, Putten und Girlanden

Die wichtigsten Ausstattungselemente von Kirchen bezeichnet man auch als »Prinzipalstücke«. Manchmal, und so ist es in Bergisch Neukirchen, bilden sie eine architektonische Einheit.

Wer dieses kleine evangelische Gotteshaus im Bergischen Land betritt, steht zunächst in einem museal anmutenden Vorraum. Hier ist man sehr stolz auf seine Kirche, hier hat man die Geschichte des Baus für die Besucher nachgezeichnet. Neben einer Urkunde zur ersten Erwähnung der Ortschaft im Jahr 1223 hängt eine historische Zehntrolle zu den Abgaben der Kirchspielangehörigen an das Kölner Stift St. Gereon. Und unter einer Handwerkerrechnung aus der Zeit des Kirchenbaus (1784) ruht eine eisenbeschlagene Opfertruhe aus dem frühen 17. Jahrhundert, die auch heutzutage wieder als Spendenbox genutzt wird.

Hinter einer Glasfront tut sich der Hauptraum auf, der dominiert wird von jenem Prinzipalensemble aus Altar, Kanzel und der nach oben hin abschließenden Orgel. Die klare Gliederung der schlanken Pfeifen mag dem französischen Klassizismus geschuldet sein, der Mitte des 18. und bis ins 19. Jahrhundert von großem Einfluss war. Jedoch dominieren demgegenüber die filigranen Rokokoelemente. Sämtliche Blumen und Girlanden sowie der Schmuck der zeittypischen Putten sind mit Blattgold überzogen und heben sich so vom strahlenden Weiß des gesamten Prospekts ab. In Verbindung mit den ebenfalls weiß-goldenen Säulen des Kirchenschiffs und dem dreiseitig umlaufenden, weiß gestrichenen Holzbalkon vermittelt dieser Raum einen Eindruck von nahezu perfekter Harmonie.

Ganz anders der Stilmix im Außenbereich. Während der Bruchstein des Turmes noch aus dem 12. Jahrhundert stammt, wurde ihm seine geschweifte Zwiebelhaube erst 1911 aufgesetzt. Aus dem selben Jahr stammt auch das überaus pathetische Kriegerdenkmal an der Ostseite, das einen preußischen Fahnenträger mit totem Kameraden vorstellt.

Adresse Leverkusen-Bergisch Neukirchen, Evangelische Kirche, Burscheider Str. 71 | **Anfahrt** A3, Ausfahrt Opladen, dann links auf die Bonner Straße (B232), die bald zur Burscheider wird | **Öffnungszeiten** Der Vorraum steht tagsüber offen. Den Schlüssel für den Hauptraum erhält man gegenüber im Gemeindebüro zu folgenden Zeiten: Mo–Mi und Fr 9–12, Do 16–18 Uhr. Individuelle Termine können unter 02171/30460 vereinbart werden. | **Tipp** Direkt unterhalb von Bergisch Neukirchen liegt das berühmte Umweltbildungszentrum Gut Ophoven, siehe www.naturgut-ophoven.de.

67__ Der Sensenhammer

Eine alte Fabrik wird zum Industriemuseum

Wenn Fabriken schließen, verrotten sie normalerweise vor sich hin und werden irgendwann abgerissen. Wenn die Kommune gnädig ist, ziehen vielleicht auch Künstler dort ein, um die ungewöhnlichen Hallen als Atelier zu nutzen. Im Falle des Freudenthaler Sensenhammers jedoch entstand nach der Schließung des Werkes ein Industriemuseum. Und zwar ein vorzügliches.

Jeder, der schon einmal in einem Industriebetrieb gearbeitet hat, wird diese Atmosphäre wiedererkennen. In den alten Werkhallen ist es auch tagsüber dunkel, es riecht nach Öl und Verbranntem, die Wände sind von einem grauschwarzen Film überzogen. Der Blick des Besuchers schwenkt von großen Transmissionsrädern zu den starken Ketten der Flaschenzüge und immer wieder über die Ambosse und Hämmer der Maschinen. Alles wirkt so, als seien die Malocher gerade erst in die Pause gegangen. Dabei ist in Schlebusch schon seit 1987 Schicht.

Was 1778 mit einer kleinen Schmiede begonnen hatte, kam im Jahr 1835 richtig in Fahrt, als die Familie Kuhlmann den Betrieb übernahm. Von Anfang an spielte bei der Produktion die Wasserkraft der vorbeifließenden Dhünn die Hauptrolle. Bis 1927 hatte man ihr Nutzgefälle schrittweise auf imposante 4,10 Meter ausgebaut.

Auch die ehemaligen Verwaltungsräume, in denen heute die Schautafeln zur Firmengeschichte stehen, wurden nur vorsichtig modernisiert. Informative Texte, historische Dokumente und zahlreiche Originalwerkzeuge sorgen dafür, dass die Geschichte dieses Werkes erlebbar wird. Dazu tragen auch die fast lebensgroßen Fotos von ehemaligen Arbeitern bei. Während Männer üblicherweise als »Wärmejungen« anfingen, schufteten Frauen unter anderem an den Schleifsteinen. Spannend auch die vielen kleinen Details zum Sensenmacher-Handwerk, wie etwa jenes, dass man die in die Erde eingelassenen, oft baumdicken Hammerstöcke gern in Pferdemist lagerte. Das darin enthaltene Ammoniak wirkte konservierend auf das Eichenholz.

Adresse Leverkusen-Schlebusch, Freudenthal 68, am Ende des Hammerwegs | **Anfahrt** A3, Ausfahrt Leverkusen, Richtung Schlebusch auf den Willy-Brandt-Ring, links in die Mülheimer, rechts in die Dechant-Fein-Straße und wieder rechts in den Hammerweg, siehe auch www.sensenhammer.de | **Öffnungszeiten** Di–Fr 10–13, Sa und So 12–17 Uhr | **Tipp** Von der historischen Industriekultur zur modernen Kunst gelangt man ein paar Hundert Meter weiter westlich im sehenswerten Schloss Morsbroich (Gustav-Heinemann-Str. 80).

68__ Der Teufelsstein

Ein geheimnisvoller Findling im Bürgerbusch

Seine größte Wirkung entfaltet dieser einsame Stein wahrscheinlich in einer Vollmondnacht. Dann kommt zum Tragen, dass er aus einem sehr hellen Material besteht und von innen heraus zu leuchten scheint. Das Dunkel und die Geräusche des ihn umgebenden Waldes mögen die gruselige Wirkung noch verstärken. Und das Wissen darum, dass man sich hier in einem alten Sumpfgebiet befindet, tut womöglich noch ein Übriges. Aber andererseits: Die Zeiten der Schauermärchen sind vorbei. Und wer heutzutage noch dem Paranormalen anhängt, der dürfte hier auch nächtens vom Lärm der den Bürgerbusch zerschneidenden Autobahn brutal zurück in die Realität geholt werden.

Dennoch hat sich der Teufelsstein, wie er seit jeher im Volksmund genannt wird, einige seiner Geheimnisse bewahrt. So rätseln Geologen zum Beispiel noch immer darüber, woher er denn nun eigentlich stammt. Aus Skandinavien vielleicht, wo er vor rund 60.000 Jahren mit der Eiszeit nach Süden wanderte? Oder ist er im Gegenteil mit dem Schmelzwasser in nördliche Richtung getrieben worden, um hier zu stranden?

Wie auch immer, einfach war der Weg nicht, der ihn nach Leverkusen führte. Davon zeugt nicht zuletzt seine äußerst poröse Oberfläche. Die zahlreichen narbenartigen Krater zu beiden Seiten des Steins haben sicherlich zu jenen Legenden beigetragen, die sich um ihn ranken. Ebenso seine eigentümliche Form, die je nach Blickwinkel an einen Bären oder einen großen Hund mit nach oben (zum Mond hin?) gerichtetem Kopf erinnert.

Zu Anfang des 20. Jahrhunderts wäre er beinahe entfernt worden, der Teufelsstein. 200 Meter weiter drohte er im sumpfigen Boden zu verschwinden und sollte deshalb zu einem Schlebuscher Kriegerdenkmal umfunktioniert werden. Der damalige Besitzer des Waldes wusste dies jedoch zu verhindern. Den festen Sockel, den er dem Teufelsstein dann gegen ein erneutes Versinken angedeihen ließ, erkennt man heute noch im Boden.

Adresse Leverkusen, Bürgerbusch zwischen Lützenkirchen und Alkenrath | **Anfahrt** A3, Ausfahrt Opladen. Am nächsten kommt man dem Stein, wenn man den Bürgerbusch über die Theodor-Gierath-Straße ansteuert. Diese heißt im weiteren Verlauf Blankenburg und endet als Sackgasse am Waldesrand. Von dort sind es dann nur noch 200 Meter waldeinwärts. | **Tipp** Am südlichen Ende des Bürgerbusches erreicht man die Gezelin-Kapelle mit ihrer berühmten Heilquelle (siehe Seite 130).

69___Das Zuccalmagliohaus
Daddeln beim Dichter

Die Fußgängerzone von Schlebusch muss man nicht zum Anlass für einen Besuch dieses Leverkusener Stadtteils nehmen. Und auch das Haus Nummer 53 macht auf den ersten Blick nicht viel her. Was es jedoch historisch auszeichnet, hängt mit jenem kleinen Jungen zusammen, der hier am 26. Mai 1806 das Licht der Welt erblickte. Man taufte ihn auf den Namen Vinzenz Jakob von Zuccalmaglio. Später arbeitete er unter anderem als Notar und Zeitungsherausgeber, aber vor allem als volksnaher Dichter und Heimatforscher, der über 70 Bücher veröffentlichte. Bis heute erscheint keine Schrift zum Bergischen Land, die seinen Namen nicht zumindest erwähnt. Irgendwann begann Zuccalmaglio sich des Pseudonyms »Montanus« zu bedienen, und so heißen heutzutage zahlreiche Straßen, Apotheken und Schulen der Umgegend. In Grevenbroich benannte man sogar ein Einkaufszentrum nach ihm, während der 1878 vom Grevenbroicher Erfinder Diedrich Uhlhorn gezüchtete Apfel auf den Urnamen Zuccalmaglio hört.

Vinzenz' Vater stammte aus einer alten italienischen Adelsfamilie und war in Schlebusch ein einflussreicher Mann. Auch er arbeitete vor allem als Notar, war aber auch politisch und musisch engagiert. Zehn Jahre, von 1808 bis 1818, amtierte er als Bürgermeister der Ortschaft, in Burscheid gründete er die musikalische Akademie. In dieser Hinsicht noch berühmter wurde Vinzenz' älterer Bruder Anton Wilhelm Florentin von Zuccalmaglio, mit dem zusammen Vinzenz das Karmeliter-Gymnasium in Köln besuchte. Von Anton stammt etwa das noch heute bekannte Volkslied »Kein schöner Land«, und auch Vinzenz' Lyrik trägt oft die explizit patriotischen Züge seiner Zeit. Einem größeren Kreis bekannt wurde er als vehementer Kritiker des päpstlichen Unfehlbarkeitsdogmas von 1870.

Montanus, berühmtester Sohn von Schlebusch, starb 1876. Sein Geburtshaus beherbergt heute allerdings kein Museum, sondern eine Spielhölle – Daddeln beim Dichter.

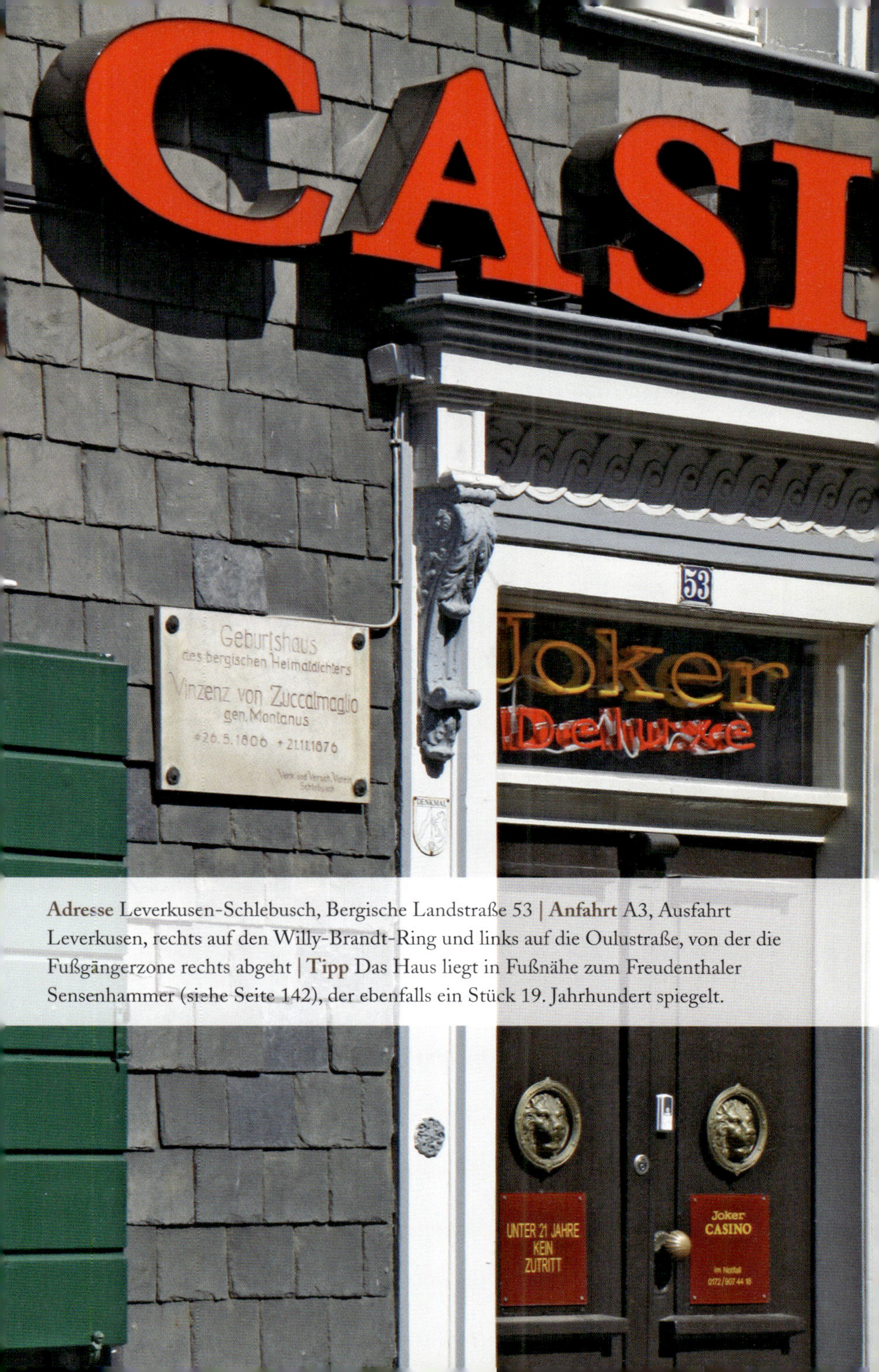

Adresse Leverkusen-Schlebusch, Bergische Landstraße 53 | **Anfahrt** A3, Ausfahrt Leverkusen, rechts auf den Willy-Brandt-Ring und links auf die Oulustraße, von der die Fußgängerzone rechts abgeht | **Tipp** Das Haus liegt in Fußnähe zum Freudenthaler Sensenhammer (siehe Seite 142), der ebenfalls ein Stück 19. Jahrhundert spiegelt.

Geburtshaus
des bergischen Heimatdichters
Vinzenz von Zuccalmaglio
gen. Montanus
*26.5.1806 † 21.11.1876

UNTER 21 JAHRE
KEIN
ZUTRITT

Joker
CASINO

70__ Der Aggernachen

Ein bergischer Exportschlager

Es ist kein Zufall, dass die Regionen östlich von Köln schon im Namen auf die Metropole am Fluss verweisen: oben der Rheinisch-Bergische Kreis, unten der Rhein-Sieg-Kreis. Denn hier spielen nicht nur jahrmillionenalte geologische Entwicklungen eine Rolle, sondern auch »moderne« wirtschaftliche Zusammenhänge. Vor der Erfindung der Bahn, des Autos oder des Flugzeugs war der Rhein hier die alles bestimmende Verkehrsstraße, und ein kleines, gleichwohl markantes Beispiel für diese Tatsache findet sich in dem beschaulichen Ort Wahlscheid bei Lohmar.

Über viele Jahrhunderte hinweg existierte hier eine von zahlreichen kleinen Werften entlang der Agger. Mangels Brücken wurde auch das Flüsschen selbst zumeist mit schmalen Holzbooten überquert, aber die Fertigkeiten der örtlichen Zimmerer waren offenbar so beeindruckend, dass auch der Export in die Großstadt blühte. Die sogenannten Aggernachen dominierten den Fährbetrieb zwischen Bonn und Beuel genauso wie den zwischen Köln und Deutz. Noch heute zeugen in Wahlscheid Straßennamen wie Schiffarth und die Häufigkeit des Familiennamens Schiffbauer von dieser Tradition, die erst im Jahr 1921 endgültig zum Erliegen kam. Da war es nur konsequent, dass der örtliche Verkehrs- und Verschönerungsverein jenen originalgetreuen Nachbau konstruieren ließ, der seitdem im Ortszentrum zu sehen ist.

Ihr Material holten sich die Bootszimmerer aus dem Aggerbusch, man verwendete vorwiegend Eiche und Buche. Auf der Werft entstanden sodann die Planken, die unter Spannung mit den Spanten (also den vertikalen Holmen des Bootes) verbunden wurden. Die schlanken, extrem stromlinienförmig gebauten Kähne erreichten Längen von bis zu 15 Metern. Solch große Exemplare jedoch unterlagen gewissen saisonalen Auslieferungsfristen. Bei diesen Ausmaßen benötigte die Agger nämlich ihr Frühjahrshochwasser, um die Ware gen Köln zu transportieren.

Adresse Lohmar-Wahlscheid, der Nachen-Nachbau steht im Ortszentrum an der Wahlscheider Straße. | **Anfahrt** A4, Ausfahrt Overath, oder A3, Ausfahrt Lohmar-Nord. Danach jeweils auf die B484 | **Tipp** Der mehrfach ausgezeichnete Ort Wahlscheid ist mit zahlreichen wohlrestaurierten Fachwerkbauten bestückt. Direkt neben dem Nachen erinnert eine Lore an die ehemalige Grube Pilot (siehe Seite 162).

71 Der Fernsehturm

Ein Dorf im Höhenrausch

In Birk strebt alles nach oben, nicht zuletzt die Ortschaft selbst. Geologisch betrachtet liegt sie am östlichen Rand des Rheingrabens in über 200 Metern Höhe. Wer hier bei klarem Wetter einen Spaziergang um den schmucken Sportplatz macht, dem bietet sich ein sensationeller 180-Grad-Panoramablick vom Siebengebirge über die Eifel bis nach Leverkusen. Einige Highlights von Süden nach Norden: die Hohe Acht, der Siegburger Michaelsberg (siehe Seite 204), das Bonner Stadthaus und schließlich das Uni-Center und der Dom in Köln.

Ein recht eindrucksvoller Hochbau ist auch das Birker Friedenskreuz mit seinen gut acht hölzernen Metern. Als bundesweit zweites seiner Art steht es seit 1959 an der Kreuzung der alten Wege nach Inger, Hochhausen und Albach. Geradezu winzig jedoch mutet es an im Vergleich zu jenem Gebäude, das schon in zig Kilometern Entfernung auf Birk verweist und zum Wahrzeichen des Dorfes wurde. Der Birker Fernsehturm steht am mit 225 Meter höchsten Punkt des Ortes und ragt von dort noch einmal 125 Meter in den Himmel.

In Birk wurde, seinerzeit noch im Auftrag der Bundespost, ein Mast vom Typ FMT 2 (= FernMeldeTurm 2) errichtet. Als er 1971 fertiggestellt war, bildete er eine Relaisstation auf der Nord-Süd-Achse zwischen Düsseldorf und Frankfurt. Damals übermittelten die Fernsehanstalten ihre Bilder mithilfe dieser Türme, die wegen der Erdkrümmung höchstens 50 Kilometer Entfernung zueinander haben durften. Seine ursprüngliche Funktion hat er jedoch mittlerweile verloren, die großen Hornantennen wurden längst deinstalliert. Sender wie der WDR oder das ZDF benutzen heutzutage ein deutschlandweites Glasfasernetz für ihre Programme. Vom Birker Sportplatz aus kann man seinen zehn Jahre jüngeren Bruder, den Colonius, grüßen. Zwar misst er gut doppelt so viel an Höhe, aber wegen der niedrigen Lage Kölns blickt man vom Bergischen aus dennoch auf ihn hinab.

Adresse Lohmar-Birk, östlicher Ortsrand an der B56 | **Anfahrt** Über A3, Ausfahrt Lohmar, dann über die Haupt- auf die Zeithstraße (B56) | **Öffnungszeiten** Der Turm kann nicht bestiegen werden, dafür entschädigt jedoch der Ausblick vom Sportplatz aus. | **Tipp** Vom Höhenrausch in untergegangene Welten: Im nahen Seligenthal liegt die Derenbachtalbrücke (siehe Seite 202).

72 Die Gammersbacher Mühle

Zwischen Mahlwerk und Backes

Nähert man sich dieser Mühle, so geht dies nur über Berg und Tal. Immer verlassener und damit naturnaher wird die Gegend, beinahe fühlt man sich, als tauche man in ein Märchen ein. Noch verstärkt wird der Eindruck durch die bunt schillernden Pfauen, die einen dann am Eingang zur Gammersbacher Mühle begrüßen.

Bei gutem Wetter lädt ein Biergarten dazu ein, sich im offenen Hof des Fachwerk-Ensembles niederzulassen. Wer sich umblickt, entdeckt Pferdeställe, Schuppen und ein uriges Wohngebäude. Rechts davon eine grob gezimmerte Tür, hinter der schleifende, schabende, auch sprudelnde Geräusche zu hören sind. Hier fallen die Wasser des Gammersbaches in die Schaufeln des alten Mühlrades und bringen es ächzend in Bewegung. Das angrenzende Mühlengebäude kann besichtigt werden, nach Anmeldung auch im Rahmen von Führungen. Alle Details der Anlage sind im Original erhalten, das Mahlwerk funktioniert bis heute einwandfrei. Ein weiterer Trakt, der altes Handwerk wieder aufleben lässt, ist der Backes, also das Backhaus. Ganz traditionsgemäß wird hier im Steinofen aus Sauerteig ein leckeres Roggenmischbrot hergestellt.

Das Alter der Gammersbacher Mühle kann heutzutage nicht mit Bestimmtheit beziffert werden. Denn gerade Bauernhöfe leben davon, dass sie ständig erneuert, erweitert oder sonst wie verändert werden. 1992 wurden die Gebäude einer dendrochronologischen Prüfung unterzogen, man hoffte, das Ensemble womöglich durchgehend im 17. Jahrhundert zu verorten. Groß war zunächst die Freude, als man einige Dachstuhlbalken auf eine im Jahr 1613 gefällte Eiche zurückführen konnte. Dann jedoch fand man unterhalb dieses Bereichs jüngere Hölzer, sodass man nun davon ausgehen musste, dass die Balken hier nur zweitverwertet wurden. Mit anderen Worten: Die Gammersbacher Mühle ist alt. Ziemlich alt.

Adresse Lohmar-Muchensiefen, Gammersbacher Mühle 1 | **Anfahrt** A3, Ausfahrt Rösrath, an der Ampel links, erste Möglichkeit rechts Richtung Wahlscheid, vor dem Ortsschild »Oberschönrath« wiederum rechts Richtung Wahlscheid. Unten im Tal an dem Schild »Gammersbacher Mühle« rechts ab. | **Öffnungszeiten** Der Hofimbiss mit Getränken und Kuchen ist von April bis Oktober täglich und im Winter an den Wochenenden geöffnet. | **Tipp** An der Gammersbacher Mühle werden auch schöne Kutschfahrten angeboten, siehe www.gammersbacher-muehle.de.

73__ Die Knochen-entfettungsanlage

Unappetitliches Gewerbe am kleinen Kombach

Die industrielle Nutzung dieses Geländes am kleinen Kombach begann im 18. Jahrhundert im Rahmen des bergischen Erzabbaus. Deshalb trägt der Gewerbepark unter Einheimischen auch noch immer den Namen »Aggerhütte«. Das heutige Gebäude der Firma defafolien jedoch stammt aus dem Jahr 1903 und diente seinerzeit einem recht unappetitlichen Gewerbe. Hinter der markanten, an eine Trutzburg erinnernden Fassade wurden nämlich täglich bis zu 20 Tonnen Knochen entfettet. Dafür zerkleinerte man die Gebeine zunächst im Knochenbrecher, die Trennung des Fettes erfolgte mithilfe von Benzin. In der Folge wurden die extrahierten Knochen zu Dünger verarbeitet. Denselben Weg nahmen auch die aus der Umgegend angelieferten menschlichen Fäkalien. Diese erreichten die Aggerhütte in geschlossenen Kesselwagen, von denen aus sie direkt in die Rührmaschinen gepumpt wurden. Unter Zusatz von Moorerde verwandelten sie sich zu edlem Poudrettedünger, beliebt vor allem bei Weinbauern. Das Werk wurde 1940 geschlossen, zum Kriegsende hin zog hier kurzzeitig die Rüstungsfirma Krupp ein. Danach verfiel das Gebäude und erwachte erst 1968 aus dem Dornröschenschlaf, als man hier mit der Produktion von Verpackungsmaterial begann.

Ein weiteres historisches Industriebauwerk findet sich direkt auf der anderen Seite der B484. Das Bombacher Eisenbahnviadukt entstand 1909 im Rahmen der Neubaustrecke Köln–Rösrath–Overath. Vorher hatten sämtliche Handelsprodukte, also auch die Erze der Aggerhütte, den Umweg über Siegburg nehmen müssen, um zu den wichtigen Umschlagplätzen am Rhein zu gelangen. Das fünfbögige Bauwerk aus Grauwacke überquert auf 90 Metern und in maximal 24 Metern Höhe das Tal des Dahlhauser Baches. Ergänzt wird das Ensemble aus Industriebetrieb und Bahnviadukt durch ein darunterstehendes Wegekreuz aus dem Jahr 1901.

Adresse Lohmar-Bombach, rechts und links der B484 | **Anfahrt** A4, Ausfahrt Overath, dort links auf die Kölner Straße (B484) bis Bombach | **Öffnungszeiten** Die Anlagen werden bis heute gewerblich genutzt. | **Tipp** Entlang dem Dahlhauser Bach führt von der Brücke aus ein schöner Weg gen Dahlhaus und Durbusch. In Bombach selbst steht als Nr. 29 eines der ältesten Häuser der Gemeinde: Es stammt aus dem Jahr 1625.

74_ Die Landwehr

Ein natürlicher Schutzwall aus Schlehen und Weißdorn

Das Bergische Land trägt seinen Namen nicht umsonst. Es ist mal hügelig, mal wellig, jedenfalls geht es hier permanent auf und ab. Die meisten dieser Erhebungen und Senken sind natürlichen Ursprungs. Und viele, die künstlich entstanden, haben inzwischen längst wieder ein natürliches Kleid übergezogen. So ergangen ist es auch der Durbuscher Landwehr. Wer nichts von ihr weiß, wird vielleicht achtlos an ihr vorübergehen. Wer jedoch genauer hinsieht, entdeckt auf dem Höhenkamm eine rechtwinklig zur Straße verlaufende Bodenformation, die ungewöhnlich wirkt: zwei parallele Wellenberge und dazwischen ein rund zwei Meter tiefer Graben. Was hier irritiert, ist die wie an der Schnur gezogene Geradlinigkeit, die Symmetrie der immer laubbedeckten Installation. Und wer in die Geschichtsbücher sieht, der stellt fest: Hier war tatsächlich die Menschenhand am Werk.

Eine Landwehr ist eine Wegesperre. Mit ihrer Hilfe schützte man sich im Hochmittelalter vor Straßenräubern, Viehdieben und sonstigem Gesindel. Später, wahrscheinlich bis ins 17. Jahrhundert hinein, dienten die Landwehren als Zollgrenzen. Einstmals waren die Durbuscher Erdwälle von Buchenhecken gekrönt. Dichtes Dornengestrüpp – vorzugsweise Schlehen und Weißdorn – sorgte dafür, dass hier niemand ohne Weiteres durchkam. Zu beiden Seiten des Höhenrückens fielen die Wallhecken steil bergab und verbanden zwei tief eingeschnittene Siefen (also Bachtäler) miteinander. Für die Instandhaltung waren die anrainernden Bauern verantwortlich. Im Rahmen der sogenannten Hand- und Spanndienste waren sie dazu verpflichtet, die Hecken zu pflegen.

Durbusch liegt an einem alten Handelsweg, der von Siegburg nach Wipperfürth führte. Dass sich auf dem Kamm, auf der heutigen Schlehecker Straße, seinerzeit ein Schlagbaum zur Kontrolle der Passanten befand, legt der Name des direkt nördlich abzweigenden Weges nahe, der da lautet: Auf dem Durlaß.

Adresse Lohmar-Durbusch, Schlehecker Straße, auf halber Strecke zwischen Durbusch und Eigen | Anfahrt A4, Ausfahrt Untereschbach, dann über Steinenbrück nach Durbusch | Tipp Östlich von Durbusch führt ein hübscher Wanderweg am Jexmühlenbach entlang.

75 __ Das Naafbachtal

Kein Stausee – keine Häuser

Seit mittlerweile rund 80 Jahren hängt er wie eine Todesdrohung über dem Naafbachtal: der Plan, hier eine Trinkwasser-Talsperre zu errichten. Aufgekommen war die Idee in den 1930er Jahren, und Anfang der 1970er schien es dann tatsächlich soweit zu sein. Binnen zwölf Jahren, so rechnete man damals, solle die Mauer stehen und der Naafbach aufgestaut sein.

In der Folge erwarb der kommunale Aggerverband große Landflächen zu beiden Seiten des Baches. Die Bewohner, Bauernfamilien in der Regel, lebten in Angst, mehrere historisch wertvolle Höfe und Mühlen wurden abgerissen. Zugleich jedoch erstarkte auch der Widerstand gegen die Talsperrenpläne, gefördert nicht zuletzt durch die parallel aufgekommene bundesweite Umweltbewegung. Das Naafbachtal wurde 1982 samt seinen Nebentälern unter Naturschutz gestellt, drei Jahre später strich man die Landesmittel für die Talsperrenplanung. Die Option »Stausee« blieb jedoch bis heute Teil des Landesentwicklungsplans.

Die jahrzehntelange Unsicherheit hatte für das Naafbachtal zumindest ein Gutes. Hier wurde seitdem nicht mehr gebaut, kein Hof, kein Gewerbepark, nicht einmal eine Hundehütte. 22,5 Kilometer fließt der Bach von seiner Quelle bei Overath-Siebelsnaaf bis zur Mündung in die Agger. Und jenseits der übriggebliebenen, durchweg landschaftskonformen Weiler stört hier kein Menschenbau das Naturerlebnis.

Der Naafbach quillt in 291 Metern Höhe aus der Erde und fällt auf seinem Weg 225 Meter abwärts. Er fließt also ziemlich flott dahin, angeschoben noch durch mehrere kleine Zuflüsse. Dennoch scheint er geradezu mutwillig jede Gelegenheit für einen kleinen Umweg zu nutzen. Sein von den Rändern her tief eingekerbtes Tal bietet ihm dafür ausreichend Spielraum, hat es doch einen recht großzügigen, ebenen Wiesengrund ausgebildet. Links und rechts des Bächleins: zwei außergewöhnlich idyllische Wanderwege.

Adresse Den längsten Teil des Tales findet man auf dem Gebiet der Gemeinde Lohmar. |
Anfahrt Der Lohmarer Taleingang liegt kurz vor der Mündung bei Kreuznaaf. Von der
B484 in die Bonner Straße abbiegen, dort auch direkt ein kleiner Parkplatz | **Tipp**
Wenige Kilometer südöstlich liegt die Wahnbachtalsperre, die in den 1940ern statt
einer avisierten Naafbachtalsperre entstand (siehe auch Seite 202).

76_ Die Schau-Käserei

Zwischen Lab und Labor

Wenn es darum geht, etwas durch Zusehen zu verstehen, dann benutzt man im Deutschen gern die Redewendung vom »über die Schulter gucken«. In der Schau-Käserei des Lohmarer Krewelshofs ist diese Formulierung ganz wörtlich zu nehmen. Hier nämlich blickt man von oben herab Menschen über die Schultern, die Milch in Käse verwandeln. Eltern und Kinder fühlen sich an die »Sendung mit der Maus« erinnert, denn hier wie dort lässt sich Schritt für Schritt der gesamte Produktionsprozess verfolgen. Die Milch (von Ziege oder Kuh) wird in große Wannen gefüllt und pasteurisiert, also erhitzt und dabei entkeimt. Danach erfolgt die Dicklegung der Flüssigkeit. Dazu benutzt man Lab, ein im sogenannten Labmagen von Kälbern und Lämmern gebildetes Enzym, das man heutzutage auch künstlich herstellen kann. Beim folgenden Bruchschneiden wird der entstandene Pudding zerkleinert und der Käsebruch von der hellgrün-klaren Molke befreit. Grobe Regel: Je kleiner die Käsestücke, desto molkefreier und fester sind sie auch. Nach einem weiteren Erwärmungs- und Säuberungsvorgang wird der Bruch in Formen gepresst und trocknet dabei weiter aus. Darauf folgt die Lagerung, die je nach Größe und Art des Endprodukts in Lohmar zwischen einer und vier Wochen dauert.

Im Krewelshof kann man sich diesen Prozess im Rahmen von Führungen erklären lassen, und man kann ihm zudem jeden Donnerstag separat beiwohnen. Aber auch jenseits dieser Termine besteht die Möglichkeit, die Käseküche zu umwandern. Das leicht ansteigende Rondell aus massivem Holz leitet einmal um die Anlage herum. Große Fotos und handgeschriebene Tafeln informieren über die Käseherstellung und geben nebenbei den ein oder anderen Tipp für den Alltag: Käse nie einfrieren! Zum Erhalt der Feuchtigkeit ein Tomatenviertel mit unter die heimische Käseglocke legen!

Wer oben wieder herauskommt, ist mitten im rustikalen Restaurant des Hofes gelandet. Und hat Hunger auf Käse!

Adresse Lohmar, An der Burg Sülz, direkt an der Sülztalstraße | **Anfahrt** A3, Ausfahrt Rösrath und rechts auf die Sülztalstraße | **Öffnungszeiten** Krewelshof samt Käserei täglich 9–18 Uhr; jeden Freitag ab 9 Uhr wird gekäst; Führungen für Gruppen unter 02205/897706. | **Tipp** Der Krewelshof verfügt über ein großes Kinder-Freizeitgelände inklusive Maislabyrinth. Frisches Steinofenbrot zum Käse bekommt man an der nahen Gammersbacher Mühle (siehe Seite 152).

77 Das Stollenmundloch

Erzabbau in der Grube Pilot

Enge Serpentinen führen steil bergauf, wenn man Wahlscheid über die Bartholomäusstraße gen Osten verlässt. Und wer dann am Friedhof parkt und über den schmalen Wanderweg ins Kirchbachtal hinabsteigt, der spürt später, was er geleistet hat. Aber zunächst einmal überquert man den Bach und steht plötzlich mitten im Wald vor einem seltsamen Bretterverschlag. Jäh und zerklüftet fallen die Hänge zu allen Seiten ab, beinahe könnte man denken, hier handele es sich um eine abgewrackte Schutzhütte. Aber weit gefehlt. Was sich da hinter diesem Gang, hinter diesen morschen Bohlen in den Fels bohrt, nennt sich in der Fachsprache Stollenmundloch. Einst führte es in den Hortensiastollen der Erzgrube Pilot, einer der typischen Kleingruben des Bergischen Landes.

Erzhaltiges Gestein wurde hier schon vor Jahrhunderten abgebaut. Bis zur Erfindung des Pulvers waren die Bergleute mit nichts als Schlegel und Eisen gewappnet, die Erzgewinnung war schwerste Handarbeit. Letztmalig gebohrt wurde hier in den Jahren 1906 bis 1917, als man dem Berg noch einige Tonnen an Blei, Zink und Kupfererz abgewann.

Noch im Zweiten Weltkrieg waren die Stollen so solide, dass sie der Bevölkerung als Luftschutzbunker dienten. Danach jedoch geriet die Bergwerkshistorie in Vergessenheit, sodass sich erst im Jahr 2003 ein paar Traditionalisten daranmachten, die alte Grube neu zu entdecken. Das Stollenmundloch wurde unter der Aufsicht eines Grubensteigers und mit Erlaubnis des zuständigen Bergamtes in Düren freigelegt und mit einem hölzernen Zugang versehen. Damals hoffte man, mithilfe von Zuschüssen die Einrichtung eines kleinen Schaustollens bewältigen zu können. Bislang wurde daraus leider nichts, aber reizvoll ist dieser Plan allemal. Allein die Tatsache, dass die tiefste Sohle bis zu 190 Meter unter dem Niveau des Stollens liegt, erzeugt schon jene gruselige Faszination, die von diesem lebensgefährlichen Handwerk bis heute ausgeht.

Adresse Wahlscheid, Kirchbachtal | **Anfahrt** Von Wahlscheid aus über die Bartholo-
mäusstraße bis zum Friedhof. An diesem entlang zu Fuß ins Tal, die Grube ist – leid-
lich – ausgeschildert. | **Tipp** Einiges mehr erfährt man über die Geschichte der Grube
auf der Homepage des Wahlscheider Verkehrs- und Verschönerungsvereins unter
www.vvv-wahlscheid.de.

78_ Die V1-Abschussrampe
Überreste einer Nazi-Hoffnung

Dieser Ort ist schwer zu finden. Auch der Autor dieses Buches benötigte mehrere Anläufe, um endlich zum Ziel zu gelangen. Und diese zwei mal drei Meter große Betonplatte kommt auch höchst unspektakulär daher. Aber was man da vor sich sieht, war ein Symbol. Handelt es sich doch um nichts anderes als die letzte Hoffnung der Nazis auf den »Endsieg«.

Das V in V1 steht für »Vergeltungswaffe«, ein von Propagandaminister Goebbels geprägter Ausdruck. Die Fieseler Fi 103, so die patentierte Bezeichnung, war ab Juni 1944 der erste Marschflugkörper der Kriegsgeschichte. Gestartet wurde die Waffe von einer sogenannten Walter-Schleuder aus, einer 49 Meter langen und sechs Meter hohen Rampe. Als sich im Laufe des Jahres 1943 abzeichnete, dass der Krieg für Deutschland nicht zu gewinnen war, begannen Hitler und seine Gefolgsleute, die deutschen »Wunderwaffen« zu beschwören. Dabei wurde suggeriert, dass die angebliche technische Überlegenheit der deutschen Ingenieure den »Endsieg« zwingend herbeiführen würde. In diesem Zusammenhang an vorderster Front: die V1 und bald darauf auch die V2.

Die heute noch zu sehende Betonplattform war für das Einrichtungszelt gedacht. Ebenfalls noch zu erkennen sind die Betriebswasserbecken der Anlage, während einige übriggebliebene Sockel inzwischen im Morast versunken sind. Im Siegburger Staatsforst befand sich die V1-Feuerstellung 118. Drei weitere lagen ebenfalls entlang der B56 in Richtung Krahwinkel. Nach dem Rückzug der Wehrmacht aus der Eifel sollte hier die 2. Batterie der I. Abteilung des Flak-Regiments 155 (W) postiert werden. Die Stellung wurde allerdings nie vollendet, weil für Abschüsse die B56 hätte gesperrt werden müssen. Diese jedoch bildete eine wichtige Nachschubverbindung für das untergehende »Dritte Reich«. Ohnehin war es mit der vielgepriesenen Wunderwaffe in der Praxis nicht weit her. Nur rund 25 Prozent aller V1-Flugkörper erreichten tatsächlich ihr Ziel.

Adresse Lohmar Heide, Staatsforst, Zeithstraße | **Anfahrt** Den Wagen parkt man am besten am Franzhäuschen in Lohmar-Heide. Von dort die Zeithstraße/B56 Richtung Siegburg, 1. Wanderweg (mit Schranke versehen) rechts in den Wald. Der Weg knickt sofort nach links, verläuft parallel zur B56, knickt dann nach rechts. Ausgangs dieser Kurve nach etwa 20 Metern links zwischen die Bäume schreiten. Mit guten Augen erkennt man bereits vom Weg aus die ehemaligen Wasserbecken. Dahinter – oft unter Laub – die Betonplatte. | **Tipp** Der Siegburger, nach Norden hin Lohmarer Wald mit seinen zahlreichen Fischteichen lohnt einen anschließenden Spaziergang.

79_ Der Alte Turm
Historische Grabsteine und moderne Kunst

Der kleine Ort Lülsdorf liegt am Anfang eines nach Westen führenden Rheinbogens. Früher wurde er auch im Osten von einem Arm des Flusses umspült. Die terrassenartige Insellage bot einige Sicherheit sowohl gegenüber Feinden als auch bei Hochwasser. Dass dies schon von frühen Siedlern erkannt wurde, belegt der Fund eines fränkischen Gräberfeldes auf dem Degussa-Areal im Südosten des Dorfes.

Wer sich dem alten Kern nähert, stößt auf einen einsam dastehenden Vierkantturm. Rückwärtig schließt sich ihm ein kleiner Park an, und die zum Teil aus dem 17. Jahrhundert stammenden Grabsteine dort belegen, dass das Gebäude einst zu einem Gotteshaus gehört haben muss. Dementsprechend entdeckt man an der Ostseite auch noch den Maueransatz des ehemaligen Kirchenschiffs, das im Jahr 1880 abgerissen wurde. Die erwähnten Grünanlagen zeichnen nun die Ausmaße des alten Pfarrhofes nach.

Die Ursprünge der Kirche reichen bis in die Frankenzeit zurück, der Turm stammt aus dem 11. Jahrhundert. Im Dreißigjährigen Krieg arg mitgenommen, verblieb lediglich das fünf Meter hohe Untergeschoss in seinem Originalzustand. Während die vier Stockwerke darüber aus Feldbrandziegeln gemauert sind, besteht die Basis aus unregelmäßigen Steinblöcken. Das gestalterische Patchwork setzt sich vor allem aus Basalt, Kieseln, Bruchsteinen und ausgedienten Ziegeln zusammen.

Nach der Niederlegung diente der Turm zeitweise als Feuerwehrhaus und als Treffpunkt der örtlichen Pfadfinder, bevor er in den 1980er Jahren mit Augenmaß renoviert wurde. Seit 1987 beherbergt er die städtische Galerie Niederkassel, deren wechselnde Ausstellungen sich seither einen beachtlichen Ruf erworben haben.

Unter den kleinen Dorfhäusern um den Turm herum sticht das Gebäude Auf dem Pemel 1 heraus. In der sogenannten »Uraltschule«, erbaut 1828, ist heute die Lülsdorfer Bücherei untergebracht.

Adresse Niederkassel-Lülsdorf, Auf dem Pemel | Anfahrt A59, Ausfahrt Wahn, dann über Libur und Ranzel nach Lülsdorf | Öffnungszeiten Sa 14–18, So 10–18 Uhr | Tipp Sehenswert ist auch die direkt am Rhein gelegene, ursprünglich mittelalterliche und 1949 erneuerte Burg Lülsdorf in der nahen Burgstraße.

80 Der Hohlstein

Ein 30 Millionen Jahre alter Koloss

Wer von der Spicher Hauptstraße aus gen Norden in die Hohlstein-
straße einbiegt, gelangt zunächst einmal in ein schickes Wohnviertel
mit Bungalows am Waldesrand. Aber er taucht auch ab in die frühe
Geschichte des Rheinlandes. Während der erste Anstieg nämlich die
übriggebliebene Niederterrasse des Urflusses bildet, folgt bald eine
noch einmal steilere Stufe, die schon zur Mittelterrasse gehört. Genau auf Höhe dieses Übergangs liegt ein steinerner Koloss, der schon
unsere frühesten Vorfahren anzog und zu kultischen Handlungen
animierte.

Der Spicher Hohlstein ist neun Meter lang, sechs Meter breit
und vier Meter hoch. Er entstand vor rund 30 Millionen Jahren, als
das zurückfließende Meerwasser des Tertiärs große Flüsse bildete,
die riesige Mengen an Quarzitsand ablagerten. Mithilfe von Kiesel-
säure verklumpte das Material und verband sich zu größeren Gesteinsbrocken. Seinen Namen erhielt der Spicher Solitär nach jener
menschengroßen Höhlung, die er zur Straße hin aufweist und für
die wiederum der Rhein verantwortlich ist. Bis vor 15 Millionen Jahren sorgte er dort oben für die Auswaschung der lockereren Sande.
Im Pleistozän, vor rund einer Million Jahren, wurde dann jener Teil
des Felsens freigespült, der bis heute sichtbar ist.

Der Anblick dieses Giganten erinnert an einen alten, vernarbten
Pottwal. Über und über mit Einkerbungen versehen, wirkt er, als hätten zahllose Kämpfe ihre Spuren hinterlassen. Was Kapitän Ahab
und andere Walfänger Moby Dick antaten, besorgten hier diverse
Landratten. Dass wir ihn im dritten Jahrtausend überhaupt noch bewundern können, verdanken wir einigen französischen Beamten. Im
Jahr 1810 nämlich − das Rheinland war von der napoleonischen
Armee besetzt − rückte man ihm mit Dynamit zuleibe, um das Material für den Straßenbau zu verwenden. Die französischen Verwal-
tungsmänner jedoch geboten Einhalt und sorgten auch dafür, dass
die bereits abgesprengten Brocken liegenblieben. Vive la France!

Adresse Niederkassel/Troisdorf-Spich, Hohlsteinstraße | **Anfahrt** A59, Abfahrt Spich, dann rechts auf die Frankfurter und kurz vor dem Spicher Ortsausgang links auf die Hohlsteinstraße | **Tipp** Ganz in der Nähe liegt der historisch ebenfalls interessante Ringelstein vom Ravensberg (siehe Seite 216).

81 Die Lourdes-Grotte

Triefend kitschig und ergreifend

Wer sich in den Bann dieses seltsamen Kunstwerks begibt, gerät in eine Stimmung, wie sie nur von religiös aufgeladenen Orten erzeugt wird: zugleich triefend kitschig und doch irgendwie ergreifend. Zwischen höhlenartig arrangierten Felsimitaten und Rankpflanzen steht hier aufrecht eine Marienfigur, während zu ihren Füßen ein Mädchen kniet. Beide Gestalten beten in Demut. Um die Grottenillusion perfekt zu machen, wurden aus dem verwendeten Tuffstein sogar Stalagmiten geformt. Zurück geht das Ganze auf ein Ereignis aus dem 19. Jahrhundert.

Bernadette Soubirous (1844–1879) war die Tochter einer in Armut lebenden Müllersfamilie, und obendrein litt sie von Kindheit an unter Asthma. Man schrieb den 11. Februar 1858, als die 15-Jährige zur Grotte Massabielle in Lourdes ging, um Brennholz zu sammeln. In einer Nische dieser Höhle erschien ihr an jenem Tag erstmals die Jungfrau Maria. Das Wunder wiederholte sich, Bernadette vertraute sich dem örtlichen Pfarrer an. Nachdem dessen anfängliche Skepsis überwunden war, propagierte er die mythische Erscheinung von seiner Kanzel aus.

Das Schicksal der kleinen Französin rührte ganz Europa – zumindest seinen katholischen Teil – zu Tränen. In der Folge wuchsen ab Ende des 19. Jahrhunderts überall nachgeahmte Lourdes-Grotten aus dem Boden, die vornehmlich an Wegkreuzungen, an Feldrändern oder auf Kirchhöfen installiert wurden.

Nicht nur die Ursprungsgeschichte aus Lourdes, sondern auch die aus Uckendorf trägt übrigens einen tragischen Zug. Denn finanziert wurde der Grottenbau durch Agnes Clostermann, eine Tochter des gegenüberliegenden Bauernhofes. Drei Jahre vor Bernadettes Marienerscheinung geboren, soll sie zeitlebens davon geträumt haben, ein Mal nach Lourdes zu pilgern. Als sich abzeichnete, dass ihr Wunsch unerfüllt bleiben würde, spendete sie das Geld für den Nachbau in ihrer Nachbarschaft.

Adresse Niederkassel-Uckendorf, Stockemer Straße zwischen Kirche und Closter-mannshof | **Anfahrt** A59, Ausfahrt Wahn, dann über Libur nach Uckendorf | **Tipp** An der Ecke Heer- und Schäferstraße steht eine der sieben Fußfallstationen zwischen Spich und Uckendorf. Der Name dieser den Leidensweg Christi nachzeichnenden Steine rührt daher, dass die Betenden hier niederknien.

82_ Rheidter Werth und Rheidter Laach

Inselträume am Rheinufer

Ein Werth ist eine (Halb-)Insel, eine Laach ein Gewässer. Das verwandte Wort Wasserlache wiederum meint eine stehende, nicht selten übelriechende Pfütze. Und eine stinkende Lache drohte auch dieser alte Rheinarm in Rheidt immer wieder einmal zu werden. Zuletzt war es im Jahr 1993 soweit, als Fadenalgen sich explosionsartig vermehrt hatten. Dem Gewässer wurde der Sauerstoff entzogen, Karpfen und Hechte japsten nach Luft. Begründet lag der Algenwuchs in den großen Pappeln, die auf dem Rheidter Werth – oder Werthchen, wie die Einheimischen sagen – wachsen. Wenn deren abgeworfenes Laub auf den Grund sinkt, fault es vor sich hin und führt zur Verschlammung des Gewässers. Der wahre Ursprung dieser kleinen ökologischen Katastrophe lag jedoch vor allem im mangelnden Wasseraustausch, in der fehlenden Auffrischung des Laach-Wassers. Die Laach-Nase liegt entgegen der Stromrichtung des Rheins, sodass hier keine großen Mengen Wasser hineingespült werden.

Seit einigen Jahren steht jedoch eine Lösung dieses Problems im Raum: Warum nicht aus dem Werth wieder eine echte Insel machen? Das Rheidter Halbeiland, seit 1988 unter Landschaftsschutz, würde dadurch noch einmal enorm aufgewertet, allzeit frisches Wasser wäre garantiert.

Die Durchstoßung des alten Landverschlusses erscheint umso sinnvoller, als der kleine Ort Rheidt inzwischen ausreichend vor dem Rhein geschützt ist. Bis ins 20. Jahrhundert hinein hatte es hier bei jedem Hochwasser »Land unter« geheißen. Der erste Deich wurde deshalb bereits 1927 eingeweiht, sein heutiger moderner Nachfolger stammt aus den 1990er Jahren. An seinem Rheidter Nordende stößt man auf einen kleinen Fischlehrpfad. Zehn Schautafeln informieren ausführlich über die hiesigen Vorkommen an Barbe, Barsch und Bachforelle.

Adresse Niederkassel-Rheidt, Rheinufer | **Anfahrt** A59, Ausfahrt Wahn, dann über Libur und Uckendorf nach Rheidt | **Tipp** Bei einem Spaziergang durch den Rheidter Werth sieht man auf der anderen Rheinseite den Herseler Werth, eine echte Rheininsel, die aus Naturschutzgründen seit 1993 nicht mehr betreten werden darf.

83 Die Siegmündung

Auenlandschaft an der Wiege des Niederrheins

Die Sieg entspringt in 603 Metern Höhe im Rothaargebirge und macht sich von dort aus auf ihren 134 Kilometer langen Weg. Die letzten anderthalb davon fließt sie exakt parallel zum Rhein und schließt dabei eine schmale Landzunge ein. Das Kemper Werth, auch Pfaffenmütze genannt, war früher eine echte Insel. Ein Dammbau des Jahres 1852 sorgte jedoch für die Verlandung des südwestlichen Uferbereichs, sodass die Halbinsel seitdem von Bonn aus erwandert werden kann.

Die Mündung der Sieg wurde im Laufe der letzten Jahrhunderte mehrfach verlegt. An eine erste Begradigung ging man bereits 1777, um die umliegenden Äcker und Gehöfte besser vor Hochwasser zu schützen. Dies jedoch führte zu verstärkter Geröllablagerung und somit zu einer Verflachung des Bettes. Die Folge waren erneute Überschwemmungen und neuerliche Regulierungen.

Die alten Ausbruchsbecken der Sieg sind noch heute in Form von mehreren toten Wasserarmen erkennbar. Einer davon bildet mittlerweile das Reservoir für den idyllischen Mondorfer Hafen, über den man die Siegmündung von Norden kommend erreicht. Die meiste Zeit des Jahres geht die Vereinigung der beiden Flüsse außerordentlich friedlich vonstatten. Ganz gemächlich und spiegelglatt schiebt sich die hier rund 20 Meter breite Sieg in den Rhein, lediglich eine schmale Verwirbelungslinie kennzeichnet die Reibung der Wassermassen.

Das gesamte 600 Hektar große Areal der Aue wurde 1986 unter Naturschutz gestellt, allein 240 Vogelarten sollen dort brüten. Eigentlich könnte sich hier jedermann der Flora und Fauna erfreuen, aber eingefleischte Kölner stellt die Siegmündung vor ein veritables Problem. In der kölschen Selbstdarstellung liegt die Domstadt am Mittelrhein, um nicht zu sagen: Sie bildet das Herz des Mittelrheins. Geografisch betrachtet ist dies jedoch nicht zutreffend: Mit dem Zufluss der Sieg nämlich beginnt der Niederrhein.

Adresse An der Siegmündung treffen Niederkassel-Mondorf, Troisdorf-Bergheim und Bonn-Geislar aufeinander. | **Anfahrt** A59, Ausfahrt Troisdorf, dann über Eschmar nach Mondorf. Parkplatz am Mondorfer Hafen, danach geht es zu Fuß weiter | **Tipp** Direkt am toten Siegarm Discholl steht das neueröffnete Fischereimuseum (Nachtigallenweg 99).

84 Die Burg Berge

Keimzelle des Bergischen Landes

Ein steil abfallender Felsenhügel über der Dhünn bei Altenberg: Die hier- und dorthin führenden Treppenanlagen deuten an, dass dieser Ort etwas Besonderes darstellt. Und da findet sich auch ein kleiner Aufschluss, der unter dem Waldboden ein Stück Mauer freigelegt hat. Ansonsten sieht man hier nichts außer Bäumen.

Fachleute bemerken vielleicht, dass die hiesige Bodenformation nicht so ganz natürlich aussieht. Tatsächlich handelt es sich beim höchsten dieser Hügel um ein Kunstprodukt. Die sogenannte Motte (siehe auch Seite 38) wurde einst von Menschenhand aufgeworfen, um die Basis eines Turmes zu stabilisieren. 1,30 Meter dick sind dessen Mauern, und sie gehörten wie die ebenfalls auf dem Areal gefundenen Spielwürfel, Münzen und Schmuckreste zu einer alten Wehranlage.

Nun gibt es natürlich zahllose Burgruinen, und die allermeisten kommen eindrucksvoller daher als die Altenberger. Außerdem steht ganz in der Nähe der Altenberger Dom und lockt die Touristen mit seiner gotischen Noblesse. Hier über der Dhünn jedoch sind es die früheren adligen Bewohner, die den Ort zu einem historisch bedeutsamen machen. Denn an diesem verlassenen Platz entstand um das Jahr 1060 herum die Burg Berge, die einer ganzen Landschaft den Namen gab. Es war ein Adolf I., der sich – wohl wegen des erwähnten Kunsthügels – den Beinamen »de Berge« zulegte. Hieraus erwuchs später die Bezeichnung Bergisches Land. Schon 1133 indes wanderte das Geschlecht nach Burg an der Wupper ab, von wo aus es dann jahrhundertelang die Geschicke der Region bestimmte. Das Einflussgebiet der Grafen und Herzöge von Berg reichte bis nach Mülheim, wo man einen starken (protestantischen) Gegenposten zum mächtigen Köln auf der anderen Rheinseite installierte.

Die 750-jährige Geschichte derer von Berg endete erst 1806 mit Napoleon, 1815 ging die Region dann in Preußen auf. Begonnen jedoch hatte alles im Wald bei Altenberg.

Adresse Odenthal-Altenberg | **Anfahrt** A1, Ausfahrt Burscheid, dann auf die B51 über Blecher nach Altenberg. Am Kloster links auf die L101 Richtung Märchenwald. Der erste Waldweg rechts (Schlagbaum) führt nach circa 500 Metern zur Burg. | **Tipp** Die Hauptsehenswürdigkeiten von Altenberg sind der Dom und der urig-schaurige Märchenwald. Dort findet sich auch eine historische Wasserorgel (siehe Seite 178).

85 Die Wasserorgel

Fontänenzauber im Märchenwald

Der Herr über die Wasserorgel sitzt in einer kleinen, erhöhten Kabine, ähnlich der im Kino, wo der Filmprojektor steht. Vor ihm auf dem Pult: ein Schaltbrett mit verschiedenen Knöpfen. »Dreher«, steht auf dem einen, und die anderen heißen »Schwenker«, »großer Ring« oder »Strahler«. Von hier aus können 16 Pumpen und einige Hundert Düsen bedient werden. Und wenn er dann loslegt, der Schaltpult-Maestro, dann wird er tatsächlich zum Organisten. Beinahe wie bei einem Horowitz huschen die Finger über die Tastatur, nur dass hier natürlich nicht nach Noten gespielt wird. Nein, in Altenberg wird immer wieder aufs Neue improvisiert. Als musikalische Untermalung dienen normalerweise klassische Lieder wie Tschaikowskis »Nussknacker« oder »Dornröschen«. Wie der Wasserorgler dazu seine Lichtstrahler und Wasserfontänen tanzen lässt, das hängt nur von seiner Stimmung ab.

Der Altenberger Märchenwald wurde 1931 von Wilhelm Schneider (1896–1965) gegründet. Mit seinen urigen Märchenhütten, mit den zum Teil auf Zuruf zu aktivierenden Spielszenen und den nicht selten gruseligen Figuren fasziniert er seitdem Generationen von Kindern. Die wunderschöne Wasserorgel jedoch entdeckt nur, wer nach dem Rundgang im Wald noch im Restaurant der Anlage einkehrt. Dort in der Brüder-Grimm-Stube nämlich steht seit 1956 eine kleine Bühne, auf der zu jeder vollen Stunde eine zauberhafte Mischung von Farben, Klängen und tanzenden Fontänen erzeugt wird.

Der Pionier der Wasserspiele heißt Otto Przystawik. Der 1911 in Königsberg geborene Tüftler hatte bereits vor dem Zweiten Weltkrieg in Berlin mit ersten Experimenten in Tanzhäusern begonnen, bevor er dann auch in Altenberg tätig wurde. Przystawiks Sohn überführte seine Innovationen in die USA und baute mit den »Waltzing Waters« ein Weltunternehmen auf. Von Altenberg nach Las Vegas führt mithin eine kerzengerade Linie – wer hätte das gedacht.

Adresse Odenthal-Altenberg, Märchenwaldweg 15 | **Anfahrt** A1, Ausfahrt Burscheid, dann auf die B51 über Blecher nach Altenberg, am Kloster links auf die L101 Richtung Märchenwald | **Öffnungszeiten** Restaurant: Außerhalb der Ferienzeiten freitags geschlossen; November: nur Sa und So geöffnet, ansonsten ganzjährig täglich. Die Wasserorgel wird zwischen 12 und 18 Uhr zu jeder vollen Stunde bespielt. | **Tipp** Der Besuch von Märchenwald und Wasserorgel lässt sich kombinieren mit einem Spaziergang zu den Resten der historisch bedeutsamen Burg Berge (siehe Seite 176).

86__ Die Fußfälle

Ein alter Passionsweg unter Bäumen

Im Jahr 1741 kam den Overathern die Idee, einen Pilgerweg anzulegen. Weil solch ein Unterfangen nicht billig war, nahm man jedoch vermutlich eine Katastrophe zum Anlass der Finanzierung. In Overath, das belegen alte Urkunden, war die Zahl der Toten im Jahr 1740 dreimal so hoch wie sonst. Möglicherweise hatte hier eine Krankheitsepidemie gewütet, die dann zum Auslöser für die gottesfürchtige Tat wurde.

Fußfallwege bestehen stets aus sieben Stationen, analog den sieben Kniefällen des das Kreuz schleppenden Jesus. Und stets zeigen sie verschiedene Szenen seines Leidenswegs, den die gläubigen Wanderer betend und kniend nachvollziehen können. Die Overather Route jedoch stellt den Christen vor eine echte Glaubensfrage, muss er hier doch mindestens so sportlich sein wie religiös, um diese extrem steile Strecke zu bewältigen.

Der Lindlarer Sandstein, aus dem die Stationen bestehen, war relativ leicht zu bearbeiten, zugleich jedoch auch besonders empfindlich. Deshalb sind einige der Overather Fußfälle stark verwittert. Obwohl durch eine nachträgliche Grottennische geschützt, ist an der Nummer 1 nur noch schwach ein gen Himmel weisender Jesus auszumachen. Das Relief der nächsten Station verschwand über die Jahrhunderte direkt ganz und wurde unlängst durch ein privates Gemälde des gefesselten Erlösers ersetzt. Recht gut erhalten kommt hingegen der dritte Stein daher, der zudem offenbar recycelt wurde: Hier hat man den Text über einen verblassten Vorgängerspruch gemeißelt. Aber Verwitterung hin oder her: Zum Ersten verströmt dieser Verfallsprozess einen ehrwürdig-archaischen Reiz, vor allem hier, tief im Wald; und zum Zweiten ist der Fußfallweg zwischen Overath und Marialinden im Gegensatz zu vielen anderen seiner Zeit immerhin noch komplett. Und wer ihn bis zur 7 durchdekliniert, der ist vielleicht nicht von seinen Sünden, aber zumindest von ein paar Kalorien erlöst.

Adresse Zwischen Overath und Marialinden. Der Pfad beginnt an der Mucher Straße. Kurz hinter der links abzweigenden Marialindener Straße geht es am Haus Burgfriede steil hoch in den Wald. Dort folge man den grünen P-Schildern. | **Anfahrt** A4, Ausfahrt Overath, dann über die Kölner links auf die Mucher Straße | **Tipp** Wem Bergabwandern leichter vorkommt, der kann auch in Marialinden beginnen. Und wer den Rückweg scheut: Zwischen Overath und Marialinden verkehrt der Bus 575 der Rhein-Sieg Verkehrsgesellschaft (RSVG).

87 Haus Orr

Vom Rittergut zur Spukvilla

Eigentlich stammt das Wort »Orr« aus dem Keltischen und bedeutet soviel wie Sumpf. Vor den Ubiern siedelten keltische Stämme auf der linken Rheinseite, wo sie diverse Feuchtgebiete trockengelegt hatten. Auf die gleiche etymologische Wurzel gehen etwa auch die Ortsnamen Chorweiler und Cork zurück.

Orr jedoch findet sich auch in Horror, und vielleicht ist dies einer der Gründe, warum Haus Orr bei der rheinischen Spukgemeinde sehr beliebt ist. Schon häufiger, so munkelt man, habe zur Nachtzeit ein Licht aus dem oberen Stockwerk geschienen. Wobei man allerdings bedenken muss: Die Ruine verfügt über keinerlei Elektrizität, und die Zwischendecke zum ersten Stock wurde zur Sicherung des Gemäuers bereits 1986 von den Denkmalschützern entfernt. Dass sich zahlreiche Internetseiten zu diesem 1838 erbauten Herrenhaus finden lassen, geht jedoch sicherlich vor allem auf seine ruinöse Verwunschenheit zurück. Der neogotische Baustil mag den Gothic-Fans zusätzlich entgegenkommen. Früher hingegen muss es hier in und auf Orr deutlich gediegener zugegangen sein. Das Haus, entstanden nach Plänen des späteren Dombaumeisters Zwirner, bewohnte zunächst der Bankier Peter Daniel Koch. Unter anderem verfügte es über einen eigenen Weiher, auf dem sich die feine Gesellschaft mit Kanufahrten vergnügte. Ein Landschaftsgarten in englischem Stil lud zum Flanieren ein, während der angrenzende Orrer Wald für die Jagd genutzt wurde.

Schon 1842 war Orr von Preußenkönig Friedrich Wilhelm IV. zum Rittergut erhoben worden. Auch nach dem Verkauf an den Elberfelder Werner Pagenstecher blieb die Villa ein Treffpunkt für das gehobene Bürgertum Kölns und des Umlands.

Pläne zur Restaurierung des Anwesens gibt es immer wieder, stets scheitern sie an der Finanzierung. Und solange das so bleibt, werden die meisten Besucher wohl weiterhin des Nachts erscheinen – in Erwartung des geheimnisvollen Lichts im ersten Stock.

Adresse Pulheim-Orr, Ecke K9 (Orrer Straße) und K10 (Straße nach Auweiler) | **Anfahrt** A57, Ausfahrt Chorweiler, dann über Pesch und Auweiler nach Orr | **Öffnungszeiten** Die unteren Fenster sind zugemauert, das Gelände umgibt ein (löchriger) Zaun. | **Tipp** Paranormale Aktivitäten sind laut Spukgemeinde auch am Kloster Burbach (siehe Seite 100) nicht ausgeschlossen.

88 Der Kreis-Wald

Ein Stonehenge aus Bäumen

Als man im Erftkreis 1996 feststellte, dass hier pro Einwohner weniger Bäume stehen als im Kölner Stadtgebiet, rief man schnurstracks ein »Waldvergrößerungsprogramm« aus. In diesem Zusammenhang wurde damals westlich von Stommeln ein brachliegender Acker bepflanzt. Eine bestechende Idee der beiden Künstler Holger Hagedorn und Winfried Lucassen führte ein Jahr später dazu, dass hier nicht nur ein kleiner Wald entstand, sondern ein originelles Land-Art-Projekt.

Rund um eine naturnah angelegte Feuerstelle wurden zwölf bis zu sieben Meter hohe Pappelstämme falsch herum in den Boden eingelassen. Wer hier an Stonehenge und ähnliche mythische Orte der Vorzeit denkt, liegt richtig: Auch die Künstler hatten sich davon inspirieren lassen. Ebenfalls im Kreis wurden dann eine Weißdornhecke und eine Ansammlung von Eichen um den Pappelring herumgepflanzt. Die kahlen Stämme und die sie umgebende Erde waren anfangs weiß gekalkt, um den Auswaschungs- und Verfallsprozess stärker herauszustellen.

Denn auch dies war von Anfang an Teil des Plans: Natur und Kunst sollten eins werden, indem der entstehende Wald das Kunstprojekt langsam verschluckt. Wer hier nun rund anderthalb Jahrzehnte später durchs Dickicht streift, kann sich vom Erfolg des Plans überzeugen. Denn hinter dem Ring der noch immer zarten Eichenbäumchen und dem der bereits recht dichten Weißdornfront wird er auf Baumleichen stoßen. Längst sind die Pappeln umgefallen und zu Mulm geworden. Langsam zuwachsende Löcher zeugen noch von ihren ursprünglichen Standorten, während die Reststämme wie gestrandete Wale im Unterholz liegen. Tatsächlich hat dieser Ort etwas Geheimnisvolles, und mittlerweile kann sich auch der zeitgenössische Besucher in das Projekt einschreiben: Unter Moos und Mulm verborgen liegt ein Beutel der Geocoacher, samt kleinen Gimmicks und dem obligatorischen Gästebuch.

Adresse Pulheim-Stommeln, Nettegasse am östlichen Ortsausgang | **Anfahrt** Über die Venloer Straße bis Stommeln, rechts auf die Sinnersdorfer Straße (L93) und links in die Hahnenstraße. Direkt wieder links in die Nettegasse, bis nach 100 Metern rechts ein Schotterparkplatz kommt. Gegenüber am Versickerungsbecken etwa 300 Meter dem Feldweg folgen, bis sich links ein Trampelpfad ins Wäldchen schlängelt. Schon bald entdeckt man die ersten Pappeleichen. | **Tipp** Der Trampelpfad wächst immer wieder zu, man kämpft sich durchs Unterholz. Es sind also festes Schuhwerk und eine stachelsichere Bekleidung vonnöten.

89__ Der Kreuzgang

Ruhehof der Abtei Brauweiler

Die rund tausendjährige Abtei Brauweiler bildet den beeindruckendsten Gebäudekomplex vor den Toren Kölns. Gestiftet 1024 vom Pfalzgrafen Ezzo und seiner Frau Mathilde, lebten hier über Jahrhunderte Benediktinermönche. Nach der Säkularisierung durch die Franzosen 1803 dienten die dicken Mauern manch grausigem Zweck: als Arbeitsanstalt für Strafgefangene, Alkoholiker und renitente Jugendliche der Preußenzeit, als Gestapogefängnis der Nazis und als überaus umstrittene Nervenanstalt der Nachkriegsära.

Was hier einst vor sich ging, merkt man der Abtei heutzutage nicht mehr an. Das vorzüglich restaurierte Areal strahlt Würde und eine tiefe Ruhe aus. Am eindringlichsten wird dies vielleicht im Kreuzgang der Abtei spürbar, der um den idyllischen Marienhof herumführt. Hier fühlt man sich an einem lauen, sonnigen Tag wie auf einer friedlichen Insel. Die Mitte des Quadrums wird von einer doppelgesichtigen Mariensäule eingenommen. Der Blick nach oben hingegen bleibt am imposanten Vierungsturm haften: Begonnen im 13. Jahrhundert, konnte er wegen finanzieller Probleme erst im Jahr 1875 vollendet werden.

Jenseits seiner erhabenen Atmosphäre ist jedoch auch dieser Kreuzgang gezeichnet von der wechselvollen Geschichte der Abtei. Denn als man 1810 daranging, die Gebäude in eine Arbeitsanstalt umzuwandeln, wurden der westliche und nördliche Flügel der mönchischen Flanierzone kurzerhand abgerissen. Den Ostgang des Gevierts gestaltete man damals zu einem Flur um, während der südliche Teil in fünf separate Räume verwandelt wurde. Erst 50 Jahre später versuchte der Dombaumeister Zwirner zu retten, was noch zu retten war. Mithilfe von mehr oder weniger exakten Nachbildungen der alten Basen, Säulen, Kapitelle und Arkadenbögen erstanden zumindest zwei Seiten des Kreuzgangs wieder auf. Original erhalten sind lediglich die Pfeiler, aber das tut dem Gesamteindruck wahrlich keinen Abbruch.

Adresse Pulheim-Brauweiler, Ehrenfriedstraße 19 | **Anfahrt** A1, Ausfahrt Lövenich, oder direkt über die Aachener Straße und Lövenich nach Brauweiler | **Öffnungszeiten** Täglich 9–16.30 Uhr | **Tipp** Ehrfurcht erfasst den Besucher auch angesichts des angeblich über 1.000-jährigen Maulbeerbaums, auf den der Gründungsmythos der Abtei zurückgeht. Das Naturdenkmal findet sich im rückwärtigen Garten der Anlage.

90 Das Sonnenschein-Denkmal

Der Förster und der Wilddieb

Zwischen Glessen und Dansweiler führt ein kleiner Weg von der Dansweiler Straße ab. Brunnenhof heißt er, und an selbigem kommt man auch zunächst vorbei. Nach rund 250 Metern wird das Sträßchen zum Feldweg, und noch einmal so weit ist es bis zum Waldrand. Links zwischen hohen Buchen stehen dort fünf Stelen, die ein Denkmal einfassen. Es erinnert an den Förster Ferdinand Sonnenschein, der an diesem Ort zu Tode kam. Die schaurigen Umstände der Moritat schildert eine Metallplatte zu Füßen des Grabsteins.

Ferdinand Sonnenschein, geboren 1811, war das älteste von sieben Kindern und wuchs in Gerresheim bei Düsseldorf auf. Als Förster in Dansweiler war er mit der preußischen Gesetzgebung konfrontiert, die eine strengere Verfolgung und Bestrafung von Wilderern vorsah. Sonnenschein, so die Annalen, soll diese Herausforderung mit Eifer angenommen haben, und dies, obwohl ihm die auf ihn zukommenden Schwierigkeiten bewusst waren. Wie der Holzdiebstahl, so wurde auch die Wilderei in der Landbevölkerung als wenn nicht legales, so doch legitimes Recht angesehen. Der Wald gehört uns allen, lautete die Devise, und so führte der Ehrgeiz des jungen Försters am 27. Mai 1846 zur Katastrophe. Sonnenschein ertappte den 24-jährigen Wilddieb Christian Becker auf frischer Tat, aber dieser ließ sich nicht einschüchtern. Stattdessen erschoss er den Förster und verscharrte ihn notdürftig. In seiner Kurzgeschichte »Der Sonnenschein« (aus der Sammlung »Pulheim in zwölf Geschichten«) schreibt der Autor Tilman Röhrig, Sonnenschein habe nach dem Schuss noch um sein Leben gefleht, sei aber mit dem Gewehrkolben endgültig erschlagen worden.

Den Mörder, aus einer Gastwirtsfamilie stammend, ereilte sein Schicksal bereits zwei Monate später. Im Juli 1846 verhaftet, starb er am 3. September des Folgejahres in Köln unter der Guillotine.

FERD. SONNENSCHEIN

Förster zu Dansweiler

gest. am 27 Mai 1876

Adresse Pulheim-Dansweiler, Straße Brunnenhof zwischen Dansweiler und Glessen |
Anfahrt Aachener Straße bis Königsdorf, rechts nach Dansweiler und hinter dem Ort
links in den Brunnenhof. Das Denkmal liegt nach rund 500 Metern am Waldesrand. |
Tipp Eine ausgedehnte Wanderung könnte von hier aus auf die Glessener Höhe führen
(siehe Seite 16).

91_ Die Stelzenhäuser

Raumschiffe am Feldrain

Verlässt man die A57 an der Ausfahrt Worringen, um Richtung Sinnersdorf zu fahren, dann stößt man am Ortseingang auf eine seltsame Häusergruppe. Im ersten Moment erinnern diese ungewöhnlichen Gebilde an Raumschiffe. Wer sich mit Architektur ein wenig auskennt, wird zudem an das Haus »Chemosphere« in Los Angeles denken, seit 1960 eines der spektakulärsten Gebäude der Welt. Sieben Jahre später machte man sich nordwestlich von Köln daran, auf einem Acker etwas ganz Ähnliches zu errichten, und zwar direkt in mehrfacher Ausführung.

Die Sinnersdorfer Stelzenhäuser entstanden in einem für Deutschland völlig neuen Baustil. Als seien sie in einem Sumpf- oder Überschwemmungsgebiet errichtet, ruhen sie auf Pfeilern. Als 1968 das erste Haus fertiggestellt wurde, verfügte es über 111 Quadratmeter Wohnfläche und kostete inklusive Kücheneinrichtung, Teppichen und Fußbodenheizung unter 100.000 DM. Bald jedoch – dies gab es damals auch schon – geriet der Investor in finanzielle Schwierigkeiten. Die Bauten mit den pilzförmigen Dächern blieben Skelette und drohten zu verfallen. Letztendlich wurden nach wechselvoller Geschichte zumindest neun der zwölf avisierten Einheiten bis 1972 vollendet.

Der obere Wohnbereich aller Häuser ist – auch dies verstärkt die Enterprise-Assoziation – rundum mit Glas eingefasst. Im Laufe der Jahrzehnte haben sich die Sinnersdorfer Raumschiffe jedoch ansonsten stark auseinanderentwickelt. Bevorzugt der eine Hausherr ein Bleidach, so begnügt sich der Nachbar mit Teerpappe. Auch die freie Fassadengestaltung und die teilweise auf die Dachspitzen drapierten Satellitenschüsseln fördern nicht gerade die optische Homogenität. Dennoch bilden die sechseckigen Silhouetten einen echten Hingucker, zumal sie von Westen her dank eines unbebauten Ackers gut sichtbar sind. Ein kleiner Fußweg führt den Besucher sodann durch die komplette Siedlung.

Adresse Pulheim-Sinnersdorf, Ecke Roggendorfer Straße und Parkweg | **Anfahrt** A57, Ausfahrt Worringen, Richtung Sinnersdorf und am Kreisverkehr links | **Tipp** Wahrzeichen von Sinnersdorf ist der Edelstahlbrunnen vor der Grundschule an der Kölner Straße 93. Vom Schöpfer, dem Sinnersdorfer Künstler Wolfgang Göddertz, stammt auch die »Wasserkinetische Plastik« auf dem Kölner Ebertplatz.

92 Die Rückriem-Hallen

Edelschlichte Steinquader in ländlicher Umgebung

Von seiner Kombination her ist das Sinstedener Doppelmuseum wahrscheinlich eines der ungewöhnlichsten in ganz Deutschland. Auf der einen Seite: ein Landwirtschaftsmuseum. Dazu gehören der alte Bauernhof selbst sowie eine 3.000 Quadratmeter große Halle mit historischen Traktoren, Mähdreschern und sonstigen bäuerlichen Gerätschaften. Zum Thema Landwirtschaft gesellt sich außerdem ein Wissenschaftlicher Geflügelhof, der in großen Volieren unter anderem seltene Hühnerarten präsentiert. Jenseits dieser rustikalen Bereiche jedoch stehen auf dem Gelände noch zwei weitere große Hallen, die den Besucher in eine gänzlich andere Welt führen. Hier nämlich arrangierte 1994 der Steinbildhauer Ulrich Rückriem eine Dauerausstellung von rund hundert seiner Werke.

Rückriem absolvierte zunächst eine Steinmetzlehre an der Kölner Dombauhütte, bevor er in den 1960er Jahren berühmt wurde. Seine meist sehr großen, oft aus Granit gehauenen Quader bestechen durch ihre edle Schlichtheit. Ihn interessiert nur das schiere Material, figürliche Darstellungen sucht man hier vergeblich. Durch diese Hallen zu wandern, entfaltet eine beinahe meditative Wirkung, existiert hier doch für die Zeit des Rundganges nichts außer diesen Steinen, dem von oben einfallenden Tageslicht und dem Besucher selbst.

»Arbeitsprozesse müssen sichtbar sein«, lautet eines von Rückriems künstlerischen Credos. Und dementsprechend erkennt man an seinen Blöcken sämtliche Bohrlöcher und Schleifspuren, der Kontrast von natürlich belassenem und künstlich bearbeitetem Material wird so nahezu aufgehoben. In dieser Hinsicht besonders spannend: Einige Quader, deren Unterteil unbehauen blieb, deren obere Hälfte jedoch akkurat gewinkelt und glatt poliert wurde. Sie stehen in der zweiten, rechten der beiden Hallen, und viel genauer ist der Standort auch nicht zu beschreiben. Denn auch bei der musealen Ausgestaltung vertritt Rückriem strikten Purismus: Weder an den Hallen noch an den Objekten findet sich ein einziges Hinweisschild.

Adresse Rommerskirchen-Sinsteden, Grevenbroicher Straße 29 | **Anfahrt** A1, Ausfahrt Köln-Bocklemünd, dann über die B59 bis Sinsteden, wo selbige Grevenbroicher Straße heißt | **Öffnungszeiten** Di–So 11–17 Uhr | **Tipp** Natürlich sind auch die anderen Abteilungen dieses Sinstedener Kulturzentrums, also das Landwirtschaftsmuseum und der Wissenschaftliche Geflügelhof, durchaus sehenswert.

93 Der Franziskaschacht

2.000 Jahre Bergbau am Lüderich

Ein sehr schöner Weg zum Franziskaschacht beginnt an der Ortschaft Hove. Der kleine Weiler liegt auf einem Plateau hoch über dem Bergischen Land und weit abseits von großen Straßen und dem Lärm der Städte. Am Dorfende, hinter einer rostigen Schranke steuert man auf ein Waldstück zu und erreicht nach rund zehn Minuten eine Lichtung. Und dort steht er, der Förderturm des ehemaligen Erzbergwerks. Wie ein kleiner Eifelturm ragt seine Gitterkonstruktion in die Höhe, endend mit dem mächtigen roten Förderrad. An ihm wurden einst die Bergleute hinabgelassen, 237 Meter ins Gestein hinein.

Der Franziskaschacht ist ein Teil der Grube Lüderich, benannt nach dem mit 260 Metern höchsten Berg der Gemeinde Rösrath. Als vierter Abgang der Grube wurde Franziska 1892 eingeweiht. Was damals industrielle Formen annahm, hatte jedoch bereits 1.800 Jahre zuvor begonnen. Rund um den Schacht herum sind römische Tunnel und Verhüttungsanlagen nachgewiesen. Hier bauten die antiken Legionäre Blei und Silber für jene Kolonie am Rhein ab, die später einmal Köln heißen sollte. Dass in Hoffnungsthal auch das Mittelalter über gearbeitet wurde, belegt etwa eine Urkunde des Herzogs Johann von Jülich, mit der er gestattet, in einem »berchwerk in unsem berge, der Loederich genant, allerlei erze zu finden«. Ein regelrechter Bergbauboom entstand sodann im 19. Jahrhundert: 28 Gruben am Lüderich und in der Umgebung beschäftigen um 1880 rund 3.000 Bergleute. Zu den bereits genannten Erträgen hatten sich mittlerweile auch Kupfer- und Zinkerze gesellt.

Im materiellen Sinne bergab ging es jedoch in den 1950er Jahren. Die Preise für Metall fielen ins Bodenlose, auch waren die Vorkommen am Lüderich weitgehend erschöpft. Nach der Schließung des Franziskaschachtes im Jahr 1954 rostete der Bau vor sich hin und wurde erst 2001 umfassend restauriert. Heute bildet er eines der wenigen erhaltenen Zeugnisse des bergischen Bergbaus.

Adresse Rösrath-Hoffnungsthal | **Anfahrt** A3, Ausfahrt Rösrath, dann über Hoffnungs-
thal auf die Bleifelder Straße und nach Hove. Oder: ein etwas längerer Fußmarsch von
Hoffnungsthal oder Bleifeld aus | **Tipp** Ebenfalls erhalten blieb der Förderturm des
Hauptschachtes am Lüderich. Er bildet heute den Ausgangspunkt für den Golfplatz in
Steinenbrück.

94_ Die Kornbrennerei

Edles Weizendestillat seit 1880

Hofferhof ist ein idyllisch verschlafener Weiler, gelegen auf 168 Metern Höhe im Bergischen Land. Einst gehörte dieses aus einigen wenigen Höfen bestehende Ensemble der Adelsfamilie von Loe. 1766 dann gelangte das Dorf in den Besitz der Müllenbachs, die hier noch heute wohnen.

Ein Spross dieser Familie begann im Jahr 1880 damit, neben der landwirtschaftlichen Arbeit eine kleine Kornbrennerei aufzubauen. Was als Nebenerwerb startete, wurde 1929 zum offiziellen Gewerbe. Und heute bildet die in fünfter Generation betriebene Kornbrennerei in Hofferhof die letzte des gesamten Bergischen Landes.

Premiumprodukt dieses sympathischen Familienbetriebes ist der Hoffer Alter, ein aus dem Weizen der Region hergestellter Korn. Das 32-prozentige Liquid zeichnet sich durch eine süffige Milde aus. Der gesamte Produktionsprozess in den Räumen des alten Fachwerkhauses lässt sich wie in einem der berühmten Kurzfilme aus der »Sendung mit der Maus« anschaulich nachverfolgen. Da wird zunächst die Maische angesetzt, die sodann 72 Stunden gären muss, damit danach gebrannt werden kann. Und wer denkt, Korn sei ein billiger, weil schnell und einfach hergestellter Säuferschnaps, wird im Folgenden eines Besseren belehrt. Betritt man nämlich den Lagerraum des Betriebes, stößt man auf große, alte Eichenfässer, wie sie auch für so manche weltweit ausgestrahlte Whiskyreklame ins Bild gerückt werden. Bis zu drei Jahren reift der Bergische Korn in diesen Bottichen und nimmt währenddessen die Aromastoffe des Holzes in sich auf. Danach kommt schließlich die Abfüllanlage zum Zug. Trotz ihrer offensichtlichen Herkunft aus vorelektronischer Zeit werden hier rund 4.000 Flaschen pro Stunde verkaufsfertig gemacht. Und damit die Kreislaufwirtschaft perfekt ist, wird auch die Schlempe verwertet. Das Abfallprodukt mit dem hohen Eiweißgehalt steigert, so sagt man, den Milchertrag der Hofferhofer Kühe ganz erheblich.

Adresse Rösrath-Hofferhof, Hofferhof 68 | **Anfahrt** A3, Ausfahrt Rösrath, dann über Hoffnungsthal nach Hofferhof | **Öffnungszeiten** Gruppenführungen nach Vereinbarung, Tel. 02205/2659 | **Tipp** Ganz in der Nähe liegt der »Wilde Mann« (siehe Seite 198).

95__ Der Wilde Mann

Eine seltene Fachwerk-Figur mit mythischen Wurzeln

Westlich von Rösrath ist das Bergische Land außergewöhnlich dünn besiedelt. Die Dörfer dort wirken wie Tupfer auf der Landkarte und bestehen oft nur aus wenigen Gebäuden. Eine dieser kleinen, zumeist nur über schmale Sackgassen erreichbaren Ortschaften heißt Großbliersbach. Und wer sich hierhin verirrt, der sei aufmerksam gemacht auf eine heutzutage nur noch selten anzutreffende Fachwerkfigur. Das direkt am Ortseingang liegende Haus Nr. 53 nämlich verfügt rechts der Tür über einen waschechten Wilden Mann.

Figuren bildet grundsätzlich jedes Fachwerkhaus – seien es herkömmliche Rechtecke, oder seien es andere abstrakte Muster wie die Raute oder das Andreaskreuz. Eine Besonderheit des alemannischen und fränkischen Fachwerkbaus sind die sogenannten Mannfiguren. Sowohl ihre Ausformungen als auch die Bezeichnungen variieren von Objekt zu Objekt beziehungsweise von Landstrich zu Landstrich. Von Mann und Mannfigur über Hessenmann und Schwäbisches Männle bis eben zum Wilden Mann ist alles möglich.

Sämtlichen Konstruktionen gemeinsam ist die an eine Menschengestalt erinnernde Form und ihre stützende Funktion. Um die tragenden Hölzer eines Fachwerkbaus auszusteifen und gegen seitliches Verschieben zu sichern, müssen schräg verlaufende Streben eingesetzt werden. Beim Wilden Mann sind diese unteren, gegen den Hauptpfosten laufenden Balken recht lang (die »Beine«), während die oberen, seitlich abgespreizten deutlich kürzer ausfallen (die »Arme«). Der senkrecht nach oben hin weiterlaufende Pfosten kann zudem als stilisierter Kopf durchgehen.

Das Haus Nr. 53 wurde um 1700 errichtet und diente zunächst als Pfarrgut. In alter Zeit sprach man den die Wände schmückenden Stelzenmännern sogar Zauberkräfte zu, unter anderem sollten sie die Hausbewohner vor Unheil schützen. Der Wilde Mann von Großbliersbach scheint dazu durchaus geeignet und hat lediglich einen einzigen Makel: Er ist einarmig.

Adresse Rösrath-Großbliersbach Nr. 53 | **Anfahrt** A4, Ausfahrt Untereschbach, Richtung Hoffnungsthal und dort links auf die Hofferhofer Straße bis zum Abzweig Großbliers- bach | **Öffnungszeiten** Es handelt sich um ein Privathaus, aber die Außenwände können selbstverständlich besichtigt werden. | **Tipp** Ein Ausflug nach Großbliersbach lässt sich kombinieren mit einer Besichtigung der Durbuscher Landwehr (siehe Seite 156).

96 Das Alte Zeughaus

Vom Sturm auf die preußische Waffenkammer

Die Siegburger Engelbert-Humperdinck-Gesellschaft residiert in einem wahrlich imposanten Gebäude. Mächtige Tuffsteine wurden hier aufeinandergeschichtet, manche heller, manche dunkler, was der Fassade einen lockeren Patchworkcharakter verleiht. Heutzutage werden in dem 1830 errichteten Haus Studien zum Werk des in Siegburg geborenen Komponisten Humperdinck (1854–1921) getätigt, und man fördert junge Musiker. Auch am 10. Mai 1849 mögen hier einige Blasinstrumente gelagert haben, aber wenn, dann waren es keine für das musische Ohr. Sondern solche, mit denen man Sturm blies.

Denn dieses Haus nahe der Altstadt war einst die Waffenkammer der preußischen Landwehr. Und was sich an jenem Frühlingstag hier abspielte, ging als »Sturm auf das Siegburger Zeughaus« in die Geschichte ein.

Beteiligt waren einige der führenden Köpfe der 1848er-Revolution. Gottfried Kinkel etwa, der Ende 1848 schon an der Einrichtung einer Bürgerwehr in Bonn beteiligt gewesen war. Ihre Aktionen jedoch verpufften ebenso wie die Beschlüsse der Frankfurter Nationalversammlung in der Paulskirche. Als der Preußenkaiser die Krone eines neuen, demokratischeren Deutschen Reiches im April 1849 ablehnte, kam es zu Aufständen. Einer der bedeutendsten war ebenjener Sturm auf die Siegburger Waffenkammer, der in Bonn begann, jedoch bereits in Hangelar gestoppt wurde. Im Mai 1850 wurde Kinkel zu lebenslangem Zuchthaus verurteilt, aber schon vier Monate später von seinem Freund Carl Schurz befreit. Während Kinkel später in England Karriere machte, brachte es Schurz zum ersten in Deutschland geborenen Mitglied des US-amerikanischen Senats. Und weil beide so berühmt wurden, veröffentlichte der Bonner Verleger Hanstein 1886 eine Schrift über ihre Missetaten im Rheinland: »Der Zug der Freischärler unter Kinkel, Schurz und Annecke behufs Plünderung des Zeughauses in Siegburg im Mai 1849«.

Adresse Siegburg, Zeughausstraße 5 | **Anfahrt** A3 bis Kreuz Bonn/Siegburg, auf A560 wechseln, dann Ausfahrt Siegburg. Das Zeughaus liegt direkt an der Fußgängerzone. | **Öffnungszeiten** Das Gebäude wird normalerweise nur von Mitgliedern der Humperdinck-Gesellschaft betreten. | **Tipp** Das Siegburger Stadtmuseum am Marktplatz ist zugleich das Geburtshaus von Engelbert Humperdinck.

97__ Die Derenbachtalbrücke

Ein versunkenes Viadukt

Normalerweise führen Brücken über etwas hinweg: einen Fluss oder ein Tal etwa. Aber manchmal fallen auch sie dem Fortschritt zum Opfer – und sind plötzlich verschwunden.

Noch zu Anfang des 20. Jahrhunderts galt das verwunschene Wahnbachtal als nahezu unzugänglich. Lediglich einige Jäger und Fischer kannten die kleinen Wege und Stege, die hier ein Fortkommen ermöglichten. 1925 jedoch legte man die Wahnbachstraße an und errichtete parallel eine Brücke über das angrenzende Derenbachtal. Als diese zwei Jahre später fertiggestellt wurde, war sie die größte Spannbetonbrücke Europas.

Ihrem eigentlich Zweck gerecht wurde sie jedoch nur knapp 20 Jahre. Dann nämlich begann der Bau der Wahnbachtalsperre. Millionen Kubikmeter Erde und Felsgestein wurden ausgehoben beziehungsweise -gebrochen. Die Höhe der Derenbachtalbrücke – rund 90 Meter über dem Grund – war von Beginn an auf eine Talsperre ausgelegt gewesen, aber diese geriet größer als einst avisiert. Und so wurde mit dem Tal auch die prächtige Brücke geflutet.

Ein äußerst seltenes Schauspiel bot sich den Interessierten Ende des Jahres 2008. 50 Jahre nach der Fertigstellung wurde das Wasser der Talsperre vorübergehend abgelassen, um verschiedene Kontroll- und Reparaturarbeiten zu ermöglichen. Baumstümpfe tauchten plötzlich aus dem Wasser auf, die ein halbes Jahrhundert zuvor in den Fluten versunken waren. Die Grundmauern des Hillenhofes und der Luttersmühle kamen ebenfalls zum Vorschein und weckten die Phantasie der Nachfahren. Und etwas verschlammt, aber ansonsten gänzlich unversehrt erwachte auch die alte Derenbachtalbrücke aus dem feuchten Dornröschenschlaf.

An der Staumauer in Seligenthal zeigt ein Informationspavillon einige Fotos der wiederaufgetauchten Brücke. Wer sie im Original sehen möchte, hat dazu bei den nächsten Wartungsarbeiten Gelegenheit. Turnusmäßig stehen die allerdings erst im Jahr 2058 an.

Adresse Siegburg-Seligenthal, Staumauer der Wahnbachtalsperre | **Anfahrt** A3, Ausfahrt Lohmar, dann über Stallberg und Kaldauen bis Seligenthal und über Talsperrenstraße oder Seligenthaler Straße zur Talsperre | **Tipp** Die Talsperre dient der Trinkwasserversorgung und ist deshalb besonders geschützt. Die umliegenden Wälder bieten sich für einen Spaziergang an.

98 Das Pumpwerk

Kunst, Kultur und alter Kran

Hinter dem Haus ranken sich Bohnen um lange Holzstangen, und ein kleiner Trampelpfad führt durch die Siegauen zum Fluss. Vor dem Gebäude hingegen braust der Verkehr − die vielbefahrene B56 leitet die Blechlawine aus Siegburg heraus zur Autobahn. Auch das zwischen diesen beiden unterschiedlichen Szenarien eingebettete Pumpwerk steht für grelle Kontraste. Denn aus dem einstigen Funktionsbau wurde 2001 eine Stätte der Kunst und Kultur.

Seine ursprüngliche Arbeit hatte das Pumpwerk Ende der 1960er Jahre aufgenommen. Führte die Sieg Hochwasser oder regnete es so stark, dass die Siegburger Kanalisation allein überfordert war, sprangen an der Bonner Straße die Pumpen an. Bis zu 2.100 Liter Wasser konnten dann pro Sekunde umgeleitet werden, um Straßen und Keller vor Überschwemmungen zu schützen. Ab 1989 jedoch, der Rhein-Sieg-Kreis hatte ein neues Abwasserentsorgungskonzept eingeführt, verfiel das Bauwerk.

Ein neuer Weg tat sich auf, als 1995 der örtliche Kunstverein obdachlos zu werden drohte. Jenseits der vor sich hin rostenden Maschinen und des Moders lagen die Vorteile der neuen Lokalität auf der Hand: Den Machern standen hier auf drei Ebenen gut 300 Quadratmeter zur Verfügung. Doppelt so viel wie zuvor mithin, und dies bei kuratorisch interessanten Wandhöhen von bis zu neun Metern. Zunächst hatte man mit den baulichen Besonderheiten jedoch auch zu kämpfen. Nicht zuletzt musste im Pumpenraum eine achtzig Zentimeter dicke Betonwand durchstoßen werden, um die dahinter liegenden Pumpensümpfe architektonisch zu erschließen.

Heutzutage finden im Siegburger Pumpwerk neben Kunstausstellungen auch Theater- und Filmvorführungen sowie Lesungen und Konzerte statt. An die alten Zeiten erinnert ein archaischer Lastkran im Parterre rechts. Sehr praktisch, dieses Relikt, um beispielsweise schwere Skulpturen in die unteren Ausstellungsebenen zu befördern..

Adresse Siegburg, Bonner Straße 65 | **Anfahrt** A 560, Ausfahrt Siegburg/Mülldorf, dann auf die B56 in Richtung Siegburg bis zum Pumpwerk rechts am Ortseingang | **Öffnungszeiten** Di und Mi 11–16, Do 13–18, Fr 11–15 sowie jeden 1. und 3. So im Monat 13–16 Uhr. Außerdem nach Vereinbarung (Tel. 02241/97 14 20). Für das genaue Programm siehe www.kunstverein-rheinsieg.de | **Tipp** Der Besuch lässt sich nahtlos mit einem Spaziergang entlang der Sieg verbinden.

99 Die Schatzkammer von St. Servatius

Theophanu, Anno und das Löwentuch

Manchmal braucht es ein paar Hintergrundinformationen, um einen Ort angemessen würdigen zu können. Die Schatzkammer von St. Servatius in Siegburg besteht zum Beispiel im Wesentlichen aus alten Schreinen. Kennst du einen, kennst du alle, könnte man meinen. Aber weit gefehlt!

Richtig spannend wird die Sache, wenn man den Geschichten des überaus freundlichen Museumswärters lauscht. Wie zum Beispiel jener: Als 1803 die große Säkularisierungswelle zuschlug, wurde auch die über Siegburg thronende Abtei auf dem Michaelsberg verweltlicht. Nach den Franzosen kamen die Preußen, die sich zwar gern die hiesigen Ländereien einverleibten, als Reformierte jedoch nichts mit den katholischen Reliquien anzufangen wussten. Die Kirchenschätze wanderten in mehr oder minder geschützte Depots und wurden nach Kräften geplündert. Vor allem auf die vermeintlich massiv goldenen Figuren der Schreine hatte man es abgesehen. Bis die Räuber bemerkten, dass diese nur mit dünnem Blattgold überzogen waren. Ein Schrein mit nur zur Hälfte erhaltenem Figurenensemble belegt diesen Ablauf.

Noch dramatischer: Die Geschichte des Löwentuchs. Wahrscheinlich mit der griechischstämmigen Kaiserin Theophanu im 10. Jahrhundert nach Deutschland gekommen, wurden hier hinein die Knochen des heiligen Erzbischofs Anno gewickelt. Das kostbare Tuch sollte nach dem Ersten Weltkrieg vor den Franzosen versteckt werden und vermoderte stattdessen in einem feuchten Verlies. Im nächsten Krieg verbrannte es angeblich bei einem Berliner Restaurator, bevor es wiedergefunden und in mühseliger Filigranarbeit zumindest teilweise gerettet wurde. Heutzutage liegt das Reststück unter Glas in der Schatzkammer, der Annoschrein befindet sich oben auf dem Michaelsberg, und Theophanus sterbliche Reste ruhen, ihrem Wunsch gemäß, in der Kölner St. Pantaleonskirche.

Adresse Siegburg, Mühlenstraße 6 | **Anfahrt** A3 bis Kreuz Bonn/Siegburg, auf die A560 wechseln, dann Ausfahrt Siegburg. Die Mühlenstraße liegt ganz in der Nähe der Fußgängerzone. | **Öffnungszeiten** Di–Do 15–16, So 11.15–12.15 Uhr und nach Vereinbarung: Tel. 02241/62414 | **Tipp** Ein weiteres spannendes Detail: Der Sockel unter dem Schmerzensmann im Vorraum der Schatzkammer. Darauf ein allegorischer Mensch, der von zwei Ungeheuern zerrissen wird. Fragen Sie außerdem nach der neckenden Ziege!

100__ Die Wolsberge
Wo die berühmten Wolsdorfer Brocken herkommen

Die sogenannten Wolsberge heißen – etwas verwirrend – Wolsberg und Riemberg. Während Letzterer direkt an der viel befahrenen Wahnbachtalstraße liegt, findet sich der andere mitten im Dorf. Die schönste Sicht auf die Zwillinge bietet sich vom Siegburger Michaelsberg aus, und hier erkennt man auch, wie unvermittelt die beiden Hügel aus der ansonsten ebenen Siegaue wachsen.

Wie das nahe Siebengebirge entstanden auch die beiden Wahrzeichen von Wolsdorf im Zeitalter des Tertiär. Was als Vulkan begann, geronn später zu jenem basaltischen Tuffgestein, dem die Wolsdorfer lange ihre Einkünfte verdankten. Denn die »Wolsdorfer Brocken« waren ein beliebtes Baumaterial, aus dem man zum Beispiel die Siegburger Servatiuskirche fertigte (siehe Seite 206). Mithilfe von Kähnen wurde das Gestein über den künstlichen Mühlengraben in die benachbarte Stadt befördert.

Wer so viel Historie auf dem Buckel trägt, um den ranken sich natürlich auch diverse Legenden. Eine besagt, dass die Wols ursprünglich Wodansberge hießen, weil der Göttervater Wodan (= Odin) hier einst einen Altar errichten ließ, um darauf Opfer darzubringen. Und ein gehöriges Maß an Energie opfern muss auch, wer diese steilen Hügel heutzutage erklettern möchte. Schmale Trampelpfade führen um die Kuppe herum und stückchenweise bergauf. Am Riemberg erreicht man auf halber Höhe eine zum Grillplatz ausgebaute ebene Wiese, von der aus sich ein schöner, weiter Blick über das Siegtal bietet.

Zwar sind jene Zeiten vorbei, in denen die Wolsberge als Steinbruch dienten. Aber der Fels scheint sich an seine Zerstörung zu erinnern. Immer wieder, zuletzt mehrmals im Jahr 2009, platzten größere Gesteinsbrocken ab und bedrohten die umliegenden Wohnhäuser. Der Berg lebt, das wird den Wolsdorfern immer dann wieder bewusst, wenn das Technische Hilfswerk anrücken und die Wahnbachtalstraße gesperrt werden muss.

Adresse Siegburg-Wolsdorf, Riembergstraße beziehungsweise Hubertusstraße | **Anfahrt** A3 bis Kreuz Bonn/Siegburg, dort auf die A560 bis Ausfahrt Siegburg, rechts auf die Bonner, rechts auf die Frankfurter und links auf die Wahnbachtalstraße. In Wolsdorf links über die Damm- auf die Riembergstraße | **Tipp** Aus Wolsdorfer Brocken besteht auch das Siegburger Alte Zeughaus (siehe Seite 200).

101 Der Flughafen Hangelar

Wo Deutschlands erster Flieger startete

Dass Hangelar als der älteste Flugplatz Deutschlands gilt, hat vor allem mit dem Pionier Fritz Pullig zu tun. Der nämlich bastelte sich in der Bonner Ermekeilkaserne ein »Aeroplan« genanntes Flugobjekt zusammen, das er am 17. Juli 1909 in der Hangelarer Heide erprobte. Der Test fiel äußerst zufriedenstellend aus: Die Maschine stieg sechs Meter in die Höhe und brachte es auf 40 Flugsekunden und 400 bewältigte Meter. Ein paar Tage später ging der Aeroplan bei einem Unfall zu Bruch, und Pullig zog aus Hangelar ab. Aber ein erster Schritt war getan.

Schon 1911 organisierte man in der Heide einen aufsehenerregenden Flugtag, und in der Folge siedelten sich einige bedeutende Flugunternehmen und Konstrukteure hier an. Nachdem der Flugplatz in beiden Weltkriegen ausschließlich militärischen Zwecken gedient hatte, lebte er ab 1955 wieder auf. Am 5. Mai jenes Jahres erlangte die Bundesrepublik Deutschland ihre Lufthoheit zurück, sodass fortan auch in Hangelar wieder Motorflugsport betrieben werden konnte. Schon immer waren hier zukünftige Piloten ausgebildet worden, eine Tradition, die dank der zahlreichen Flugschulen auch heute noch gepflegt wird. Inzwischen kann man in Hangelar sowohl den Führerschein für Motor- als auch für Segelflugzeuge und Helikopter machen.

Im Jahr 1952 schon war das Bundespolizeipräsidium West (früher Bundesgrenzschutz genannt) nach Hangelar gezogen, dessen dorfgroßes Areal sich bis heute westlich des Flughafens erstreckt. Das Amt unterhält eine eigene Fliegergruppe, deren Flugverkehr samt separatem Tower unabhängig vom zivilen organisiert wird. Dennoch sprechen sich beide Zentralen ständig über die Situation in der Luft und auf dem Landeplatz ab, um Unfälle zu vermeiden. Eine durch diverse Anti-Terror-Einsätze bekannte Eliteeinheit der Bundespolizei residiert und trainiert ebenfalls hier: die »Grenzschutzgruppe 9«, kurz GSG 9.

Adresse St.-Augustin-Hangelar, Flughafen | **Anfahrt** A59, Ausfahrt Beuel-Ost, dann rechts auf die Augustiner Straße bis Hangelar. Dort links über die Richthofenstraße bis zum Parkplatz am Tower | **Öffnungszeiten** Zutritt haben nur Befugte, aber sowohl vom Parkplatz aus als auch bei einem Spaziergang um das Gelände herum überblickt man einen Großteil des Flugfeldes. | **Tipp** Wer es wirklich versuchen will mit dem Fliegen, wende sich an die Fliegergemeinschaft Hangelar unter www.fg-hangelar.de.

102— Die Schmalspur-Lok

Ein Industriedenkmal im Gitterkäfig

Hier, abseits der Pleistalstraße, weht der Wind zuweilen recht heftig über die Felder. Auch durch die Stäbe des kleinen, von einem Holzdach abgeschlossenen Gitterkäfigs fährt die Brise. Was hier wie ein wildes Zootier präsentiert wird, ist eigentlich ein durchweg friedliches Objekt: Sein Name lautet DS 40, und es handelt sich um eine historische Schmalspur-Kleindiesellok.

Der kleine Stampfer wurde im Jahr 1954 erbaut und fuhr zunächst für die Basalt AG in Linz am Rhein. 1959 jedoch wurde er an die Rhein-Sieg-Eisenbahn AG verliehen, die aus der 1862 gegründeten Bröhltaler Eisenbahngesellschaft hervorgegangen war. Hier diente die DS 40 einige Jahre als Verschiebelok unter der Bezeichnung »V5«, bevor sie in die Hände einer Niederkasseler Baufirma und schließlich in Privatbesitz überging.

Jahrelang rostete die altgediente Lokomotive vor sich hin, Wetter und Vandalismus zehrten an ihrer Substanz. Der Oldtimer wurde mal hier, mal dort aus- beziehungsweise abgestellt und erst 2002 endlich umfassend restauriert. In einer Duisburger Werkstatt erhielt er nicht nur seine weiße Beschriftung zurück, sondern auch die schwarzen Puffer und Räder sowie ein neues, originalgetreues Fabrikschild aus Diepholz. Ebenfalls seit 2002 trägt die DS 40 den Titel eines »beweglichen Denkmals«, und dieser ist durchaus wörtlich zu nehmen: Sie ist nämlich wieder voll funktionstüchtig. Ihren heutigen Standort an der Niederpleiser Mühle hat sie während ihrer Einsatzzeit zwar nie gesehen, aber eine historische Anbindung besteht trotzdem. Hier fuhr man seinerzeit per Bahn von Niederpleis nach Oberpleis.

Hinten angehängt wurde ihr zu Schauzwecken ein Kastenkipper, der wesentlich älter ist als die Lokomotive. Gebräuchlich in der Zeit zwischen 1880 und 1930, transportierte er vor allem Basaltgestein. Und wie seine Zugmaschine verfügt auch der Kipper über jene ungewöhnlich schmale Spurweite von gerade einmal 785 Millimetern.

Adresse St. Augustin-Niederpleis, Pleistalstraße 56 (vor der Niederpleiser Mühle) | **Anfahrt** A3 bis Kreuz Bonn/Siegburg, dort auf die A560 Richtung Siegburg, dann nächste Ausfahrt Niederpleis. Rechts auf die Haupt- und dann links auf die Pleistal- straße | **Tipp** Die historische Mühle präsentiert sich hervorragend renoviert und beherbergt heutzutage ein Restaurant.

103 Das Bilderbuchmuseum
Die Kunst der Illustration auf Burg Wissem

Die Geschichte dieses europaweit einzigartigen Museums beginnt 1982. Damals nämlich vermachte der Troisdorfer Kaufmann Wilhelm Alsleben der Stadt seine Sammlung, zu der neben gut 300 historischen Bilderbuchillustrationen noch diverse Holzdruckstöcke sowie Tausende von modernen Bilderbüchern gehörten.

Seither hat sich der Schatz des Museums stetig vergrößert, immer wieder kamen wertvolle Privatsammlungen hinzu. Die bedeutendste darunter ist sicherlich das Kompendium von Theodor Brüggemann (1921–2006). Der Kölner Universitätsprofessor brachte mit Fachkenntnis und Leidenschaft über 2.000 Bände aus der Zeit von 1498 bis in die 1950er Jahre in seinen Besitz. Zu den ältesten Exponaten zählen einige reich bebilderte Kinder-Katechismen aus der Renaissance. Hohen Wiedererkennungseffekt für Jung und Alt verspricht hingegen die separat untergebrachte Abteilung zum Werk des Zeichners und Autors Janosch, mit der man in die Welt von Tiger, Bär und Co. eintaucht. Andere Besucher wiederum werden sich an den virtuosen Strichen von Rotraut Susanne Berner erfreuen. Hochkarätige Wechselausstellungen zur zeitgenössischen Illustrations- und Bilderbuchkunst ergänzen die Präsenzbestände.

So exklusiv wie die Sammlung sind auch die Gemäuer, in denen sie untergebracht ist. Die Wurzeln der Burg Wissem reichen bis ins 13. Jahrhundert zurück, das heutige, auffällig rot gestrichene Haupthaus stammt von 1840. Während die früher von einem Wassergraben umgebene Anlage nach Westen hin offen ist, erstreckt sich an der Nordseite ein zweigeschossiger Bau aus Bruchsteinen. Diese Remise aus dem 16. Jahrhundert verdeutlicht mit ihren Schießscharten den ehemaligen Wehrcharakter der Burg. Heutzutage ist hier ein Café integriert. Über das Gelände verstreut finden sich zudem verschiedene skulpturale Arrangements nicht nur für Kinder, so etwa ein steinernes Labyrinth und ein Summstein, wie er schon in vorchristlicher Zeit existierte.

Adresse Troisdorf, Burgallee 1 | **Anfahrt** A59 bis Ausfahrt Troisdorf, dann der Beschilderung Richtung Zentrum folgen | **Öffnungszeiten** Di–So 11–17 Uhr | **Tipp** Nördlich der Burg beginnt ein ausgedehntes Parkgelände mit Minigolfplatz und Wildgehege.

104_ Die Eremitage

Zechende Mönche am Ravensberg

Auf dem 123 Meter hohen Ravensberg fand man die ältesten menschlichen Spuren der gesamten Wahner Heide. Schon vor 200.000 Jahren, also in der Altsteinzeit, kamen hier die Jäger und Sammler hin, um sich aus dem vorhandenen Quarzitgestein Waffen und Werkzeuge zu fertigen, darunter Faustkeile, Klingen und Kratzer. Und noch im Mittelalter waren die »Ravensberger Brocken« als Baumaterial beliebt.

Wer den Hügel heute vom Mauspfad aus erklimmt, gelangt nach ein paar Hundert Metern zu einer mitten im Wald gelegenen ehemaligen Eremitage. 1670 als Franziskanerklause gegründet, stand hier einst neben einer Kapelle ein zweigeschossiges Wohnhaus. Die Brüder lebten als Bettelmönche und sollen so wild gezecht und gefeiert haben, dass der Kölner Erzbischof die Einsiedelei 1808 auflöste und 1833 abreißen ließ. Seit 2001 erinnern zwei alte Fußfallsteine an das kleine Kloster. Einer beherbergt einen Abdruck des Cranach-Bildes »Gottesmutter mit Kind«, wie er auch den früheren Altar zierte. Der andere gedenkt des Gründers des Eremitenwesens, des heiligen Antonius Abbas.

Eine geologische Besonderheit stellt das Fundament des verschwundenen Gotteshauses dar. Hierzu wurde nämlich eine dort liegende, mächtige Quarzitplatte verwendet. Der sogenannte Ringelstein misst rund 5,5 mal 8,5 Meter, sein Alter wird auf ehrwürdige 15 Millionen Jahre geschätzt. Zahlreiche Legenden der Umgegend ranken sich um ihn, und es ist anzunehmen, dass er schon unseren steinzeitlichen Vorfahren als Kultstätte diente.

Wer vom Ravensberg in Richtung Osten zur Altenrather Straße hinabsteigt, erkennt rechts des Wegs noch einige verschlungene Schützengräben, die im Frühjahr 1945 ausgehoben wurden. Aus der Mitte des 19. Jahrhunderts hingegen stammt der eingestürzte Brunnenkeller, den man nach dem Überqueren der Straße erreicht. Damals wurden hier mithilfe aufgestauten Bachwassers Milchkannen gekühlt.

Adresse Troisdorf, Ravensberg in der südlichen Wahner Heide | **Anfahrt** A59, Ausfahrt Wahn, links auf die Heidestraße und rechts auf den Mauspfad. Dann bis zum Parkplatz am Schützenhaus Ecke Mauspfad und Altenrather Straße. Die Eremitage ist ausgeschildert. | **Tipp** Die Quarzitplatte vom Ravensberg stammt aus derselben Epoche wie der unferne Spicher Hohlstein (siehe Seite 168).

105 Die Eschmarer Mühle

Streuobstwiesen und eine Benjes-Hecke

Die Eschmarer Mühle liegt umgeben von Streuobstwiesen und Weiden in einem Naturschutzgebiet zwischen den Ortschaften Eschmar und Meindorf. Erbaut wurde sie in ihrer heutigen Form im Jahr 1884, und zwar direkt über dem Mühlengraben. Der kleine Bach, der bei Müllekoven in die Sieg mündet, rauscht über einen ein Meter tiefen Fall unter dem Gebäude hindurch. Nach dem Zweiten Weltkrieg war die Mühle noch Teil eines bäuerlichen Anwesens. Hier bekam man genauso Tierfutter wie Torf, und auch geringe Mengen Mehl wurden sofort und an Ort und Stelle gemahlen, wie sich ältere Eschmarer erinnern.

Seit 2009 wohnen nun in den denkmalgerecht renovierten Gebäuden 13 verschiedene Parteien, aber noch im Jahr 2007 drohte der Eschmarer Mühle der endgültige Verfall. Jahrelanger Leerstand sowie die inoffizielle Nutzung durch Jugendliche hatten der Substanz der Gemäuer arg zugesetzt. Innerhalb weniger Tage im September waren 170 der historischen Scheiben eingeschlagen worden, sodass die Stadt, seit 2001 Besitzerin des 3.600 Quadratmeter großen Grundstücks, sich zum Verkauf entschloss. So manche Schwierigkeit hatten aber auch schon frühere Eigner auszustehen gehabt. Immer wieder stritten etwa im 18. Jahrhundert die bergischen Herzöge mit den Siegburger Äbten über das Eschmarer Mühlenrecht. Auf dem Höhepunkt der Auseinandersetzungen rückten 1777 die kirchlichen Büttel an, um dem seinerzeitigen Müller den Karren und sein Pferd wegzunehmen.

Nördlich der Mühlengebäude steht eine mit einer Schautafel versehene sogenannte Benjes-Hecke. Der Landschaftsgärtner Hermann Benjes (1937–2007) propagierte ab den 1980er Jahren die Anlage von Hecken nicht mittels aufwendiger Neupflanzungen, sondern durch lockere Anhäufung von Gehölzabfall und Schnittgut. Samenanflug durch Wind und Samen aus dem Kot brütender Vögel sorgen so innerhalb von 15 bis 20 Jahren für die Entstehung einer natürlichen, ökologisch wertvollen Hecke.

Adresse Troisdorf-Eschmar, Eschmarer Mühle | **Anfahrt** A59, Ausfahrt Troisdorf, dann Richtung Eschmar. Zufahrt zur Mühle über Rheinstraße und Auelsgasse | **Öffnungszeiten** Das Umfeld der Privatwohnungen ist öffentlich und begehbar. | **Tipp** Einen Kilometer in östlicher Richtung liegt der naturgeschützte, mit zwei Inseln geschmückte Sieglarer See.

106_ Die Panzerwaschanlage

Der Fußabtreter von Camp Altenrath

Die Alte Kölner ist eine der schönsten Straßen der Stadt. Beginnend am Grengeler Mauspfad führt sie in einem weiten Bogen mitten durch die Wahner Heide. Direkt hinter der Grenze zum Rhein-Sieg-Kreis stößt man auf die Überreste von Camp Altenrath, dem 2004 verlassenen Kasernengelände der belgischen Streitkräfte. Hunderte von Metern erstreckt es sich entlang der Nordseite der Straße, eine 38 Hektar große Totenstadt voller ruinöser Häuser und überwucherter Wege. Das Umweltschutz-Bündnis Heideterrasse hätte hier gern sein Informationszentrum Wahner Heide untergebracht, aber die Politik und Finanzlage der Gemeinden sprachen dagegen. In ein paar Jahren wird hier alles abgerissen sein.

Hoffentlich erhalten bleibt zumindest jenes rätselhafte Ensemble auf der gegenüberliegenden, der Heide zugewandten Seite. Zwei Reihen à jeweils 26 eisernen Bohlen liegen dort, leicht versetzt zueinander wie die Zähne eines Reißverschlusses. Die rostroten Schwellen bestehen aus einem mit Stahl überzogenen Betonsockel und sind oben abgeflacht, ihre Kanten gerundet. Von der Heide her führt eine kleine Rampe zu ihnen hinauf, während ein seitlicher Ablauf in ein mit Regenwasser und Algen gefülltes Becken mündet. Worum es hier geht, macht ein alter, betoneingefasster Hydrant klar, der mit kleinen Düsenöffnungen auf den Bohlen korrespondiert. Man steht vor einer Panzerwaschanlage, einem militärischen Fußabtreter in Form eines Rüttelrostes. Wenn die Fahrzeuge nach Truppenübungen aus der Heide kamen, waren sie schlammverschmiert. Und um diesen Dreck nicht auf das Kasernengelände zu tragen, wurden sie hier grob vorgereinigt, also gerüttelt und abgespritzt.

Das Ablaufbecken hat sich in den letzten Jahren zu einem Biotop mit Fröschen, Libellen und Ringelnattern entwickelt. Der ungewöhnlichste Bewohner des Beckens jedoch heißt Südlicher Wasserschlauch. Die fleischfressende Pflanze ernährt sich von unvorsichtigen Wasserflöhen.

Adresse Troisdorf-Altenrath, Alte Kölner Straße | **Anfahrt** Über A59 und Alte Kölner Straße. Die Panzerwaschanlage befindet sich im nordwestlichen Teil des Areals, kurz hinter der Kölner Grenze. | **Tipp** Am Kirchsiefenweg zwischen Altenrath und dem Camp steht die Boxhohn Eech, eine als Naturdenkmal deklarierte uralte Eiche.

107__ Die Bundesstraße 9

Ein Meer aus Stahl, Beton und Dampf

An der Grenze von Godorf und Wesseling steigt die Bundesstraße 9 leicht an. Kurz gerät links der Rhein in den Blick, dann jedoch taucht man ein in ein industrielles Meer aus Stahl, Beton und Dampf. Schornsteine und Kühltürme, Förderbänder, Kessel und Silos, soweit das Auge reicht. Und unter, über und zwischen allem die endlosen, verschlungenen Rohrleitungen von hier nach dort. Was wirkt wie ein Arrangement des Fotokünstlers Andreas Gurski, heißt in Wirklichkeit Degussa AG. Wie der gesamte Chemiestandort Wesseling geht dieses Unternehmen zurück auf den Erfinder Heinrich Zimmermann. Der hatte ein Verfahren entwickelt, das bis dahin wertlose Abfallprodukte der Leuchtgasproduktion in ein bestimmtes Salz umwandelte. Dieses Ferrocyankalium wurde in der Folge zu einem wichtigen Ausgangsstoff bei der Scheidung von Edelmetallen. Um dieses frühe Recyclingverfahren industriell zu nutzen, siedelte sich Zimmermann 1880 in Wesseling am Rhein an. Nicht von ungefähr steht das Akronym Degussa für **D**eutsche **G**old- **u**nd **S**ilber-Scheideanstalt.

Die Evonik Degussa GmbH ist heute das größte Spezialchemie-Unternehmen der Welt. In Wesseling arbeiten rund 1.200 Menschen auf einem 330.000 Quadratmeter großen Areal. Eines der Hauptprodukte am Standort sind inzwischen universal einsetzbare Silikate. Verwendung finden sie nicht nur in Autoreifen, Klebstoffen und Zahnpasta, sondern auch bei der Herstellung von Bier.

Der futuristische Anblick rechts und links der Bundesstraße 9 sollte nicht darüber hinwegtäuschen, dass man sich hier auf einem der ältesten Fahrwege des Rheinlandes befindet. Beginnend in Kranenburg (Kreis Kleve), verläuft er über rund 450 Kilometer durch den deutschen Westen und folgt dabei weitgehend der rund 2.000 Jahre alten römischen Rheintalstraße. Die gleiche B9, die bei Wesseling in ein Stahlbad taucht, passiert später bei St. Goarshausen den so romantischen Loreleyfelsen.

Adresse Bundesstraße 9 zwischen Godorf und Wesseling | **Tipp** Die B9 als alte Römerstraße: Diesen Zusammenhang versteht man beim Anblick der Wesselinger Villa Rustica (siehe Seite 230).

108_Das Eisenbahnmuseum
Die 100 Jahre der KBE

»Go to Bonn and the Seven Mountains«, heißt es auf einem alten Plakat. Und da es sich um Werbung handelt, steht auch dabei, wie der englische Siebengebirgstourist dort hingelangt: nämlich »by electric Fast Trains«. Damit gemeint waren die historische Rheinufer- und die Vorgebirgsbahn, die zusammen den Schienenverkehr der KBE bildeten, der Köln-Bonner Eisenbahnen.

Zu spät Geborene können mit diesem Kürzel nichts mehr anfangen, denn die KBE sind passé. Rund 100 Jahre, von 1891 bis zur Auflösung 1992, verkehrten die Züge des Unternehmens zwischen den beiden Metropolen am Rhein sowie auf verschiedenen kürzeren Strecken. Und was von dieser Geschichte übrigblieb, das hat der rührige Club der »Köln-Bonner Eisenbahn-Freunde« (KBEF) in einem kleinen privaten Museum aufgestellt.

Direkt hinter dem Eingang fällt der Blick auf einige Modelle der rot-beigen KBE-Klassiker, darunter ein Elektrischer Doppeltriebwagen von 1951. Dieser erste Raum erklärt auch zugleich, wie der Verkehr dieser Züge gesteuert wurde: Gut vier Meter ragt ein mechanisches Hauptsignal in die Höhe, wie man es ab Ende des 19. Jahrhunderts benutzte. Die verschiedenen Flügelzeichen sind voll funktionstüchtig und dürfen auch von den Besuchern bedient werden. Direkt nebenan hängt ein hoch kompliziert wirkender grüner Kasten – ein sogenannter Streckenblock, mit dessen elektromechanischer Hilfe Streckenabschnitte blockiert oder freigegeben wurden. Wie man Schienenstränge hingegen mit reiner Körperkraft verschiebt und neu verbindet, das demonstriert eindrucksvoll jener hüfthohe Holzhammer im Nebenraum. Auf ihre Kosten kommen in Wesseling nicht zuletzt jene Nostalgiker, die der Zeit der Schaffner hinterhertrauern. Von der Lochzange über die schweinslederne Gürteltasche mit Knipsverschluss bis zum komplett ausstaffierten Schaufenstermodell ist hier alles dokumentiert. Und im historischen Schau-Abteil fühlt man sich beinahe wirklich wie im »Eilzug nach Wesseling«.

Eilzug nach Wesseling

Adresse Wesseling, Schwarzer Weg (HGK-Gelände) | **Anfahrt** Zu dem nicht ausgeschilderten Museum gelangt man über den Westring, an dessen östlichem Ende der schmale Schwarze Weg abgeht. | **Öffnungszeiten** Jeden 1. und 3. Samstag im Monat, 10–12.30 Uhr | **Tipp** Der Verein bietet unregelmäßige Sonderfahrten mit historischen Zügen an. Siehe www.kbef-ev.de, dort auch Informationen zum vereinseigenen Museumsbahnhof Vochem.

109__ Der Entenfang
Biotop und Altrheinarm

Wie das Brühler Schloss Falkenlust (siehe Seite 64), so steht auch das kleine Haus Entenfang in Wesseling-Berzdorf in engem Zusammenhang mit den Jagdleidenschaften seiner Eigner. Möglicherweise war das schlossähnliche Anwesen sogar einst im Besitz ebenjenes Kurfürsten Clemens August, der die Brühler Prachtbauten hatte errichten lassen. Hier wie dort jedenfalls ging es um die Jagd auf Vögel, zum Beispiel mittels dressierter Falken.

Haus Entenfang wird heutzutage als Kindergarten genutzt, während sich südlich davon ein über 75.000 Quadratmeter großes Naturschutzgebiet gleichen Namens erstreckt. Geologischen Wert gewinnt es aus der Tatsache, dass es sich hier um eine der letzten ursprünglichen Auenlandschaften der Köln-Bonner Bucht handelt. Einstmals verlief hier ein sumpfiger Rheinarm, und noch immer rasten in jenem Feuchtgebiet im südlichen Teil des Entenfangs verschiedenste Watvogelarten. Wie Köln und Bonn befindet sich Wesseling auf der rund 50 Meter über N. N. verlaufenden Niederterrasse, die der Rhein während der letzten Eiszeit ausbildete. Brühl hingegen liegt gut sichtbar etwa zehn Meter höher im Westen, während dahinter dann die Oberterrasse, das Vorgebirge, aufsteigt.

An die Geschichte der Entenjagd erinnert in Berzdorf seit 1988 eine Plastik des Künstlers Wolfgang Binding, dessen Werk sich durch eine Vielzahl eindringlicher Tierdarstellungen auszeichnet. Am Ufer eines kleinen Teiches steht der ärmliche, barfüßige Entenfänger. Er arbeitet hart, kämpft mit der Kreatur. Ein Tier hat er sich bereits tot über die Schulter geworfen, ein zweites packt er beim Flügel und wird zugleich von ihm gebissen. In diesem Zusammenhang sei auch der Bildstock der heiligen Brigida an der Ecke Entenfangstraße und Falkenweg erwähnt. Die irische Schutzheilige wird dort nämlich wie stets mit Enten und Gänsen abgebildet, jenen Tieren, die ihr die Einsamkeit ihrer frühen Eremitenjahre erleichterten. Brigida ist zugleich Berzdorfs zweite Pfarrpatronin.

Adresse Wesseling, zwischen Berzdorf und Keldenich | **Anfahrt** A555, Ausfahrt Wesseling-Nord, dann der Beschilderung nach Berzdorf folgen | **Tipp** Ein Ausflug in den Entenfang ist dank mehrerer Abenteuerspielplätze und einer gepflegten Skateranlage auch für spazierfaule Kinder ein Erlebnis.

110_ Die preußische Höhenmarke

Ein seltsamer Bolzen in der Kirchenmauer

Die Kirche St. Germanus wird ob ihrer Größe auch der »Wesselinger Dom« genannt. Wer auf ihren westlichen Eingang zugeht, sollte den Blick jedoch statt nach oben auch einmal nach unten richten. Links des Portals in Schienbeinhöhe steckt nämlich ein seltsamer gusseiserner Bolzen in der Außenmauer. 14,5 Zentimeter misst er im Durchmesser, und die um den Rand verlaufende Inschrift besagt Folgendes: »Königl. Preuss. Landes-Aufnahme/Meter über Normal-Null«.

Installiert wurden diese Vermessungspunkte von der 1875 eingerichteten Preußischen Landesaufnahme, einer Militärstelle, die dem Großen Generalstab unterstand. Höhenmarken der Wesselinger Art wurden ab 1882 verwendet, insgesamt soll es im Deutschen Reich rund 12.000 davon gegeben haben. Im Abstand von rund zehn Kilometern wurden sie vorzugsweise in Kirchen oder Bahnhofsgebäude eingelassen. Die Vermessungsarbeiten der Geodäten dienten der Herstellung topografischer Karten und gingen schon bald weit über rein militärische Zwecke hinaus. 1921 schließlich wurde die Behörde zivilisiert und dem Innenministerium angegliedert. Das heutige Bundesamt für Kartographie und Geodäsie sowie die verschiedenen Landesvermessungsämter sind direkte Nachfolger der alten preußischen Behörde.

Auf Zeugnisse aus wesentlich älterer Zeit stößt man nebenan im Wesselinger Rheinpark. Zwischen einer Minigolfanlage, modernen Skulpturen und zum Teil exotischen Bäumen finden sich die Reste eines fränkischen Gräberfelds, das ursprünglich aus über 300 Särgen bestand. Die ab 1982 an anderer Stelle ausgehobenen Plattengräber stammen wahrscheinlich aus dem 5. bis 7. Jahrhundert. Während einfache Leute in Holzsärgen beigesetzt wurden, fanden Höherstehende in Kisten aus Tuffstein die letzte Ruhe. Dafür wurden in Wesseling wie andernorts nicht zuletzt römische Reste recycelt.

Adresse Wesseling, St.-Germanus-Kirche, Bonner Straße 13 | **Anfahrt** A555, Ausfahrt Gcdorf und über die B9/Industriestraße auf die Kölner Straße, die in der Folge zur Bonner wird | **Tipp** Vom Rheinpark bis nach Wesseling-Urfeld verläuft der Leinpfad am Fluss entlang durch einen hübsch bewaldeten Grünstreifen.

111 Die Villa Rustica

Ein römischer Gutshof im Niemandsland

Ein Gewerbegebiet in Wesseling-Eichholz: Die Herseler Straße führt vorbei an einer Firma für Baumaschinen, einer Druckerei, einer Werbeagentur. Plötzlich jedoch lichtet sich die Bebauung, ein fast freies Grundstück wird sichtbar. Kniehohe Mauern aus Bruchstein und Kieseln scheinen Räume abzustecken. Und ein hölzerner Pavillon beschirmt einen kleinen Abgrund.

Im Herbst 1986 legten Archäologen hier die Fundamente einer römischen Villa Rustica aus dem 1. Jahrhundert nach Christus frei. Der vergleichsweise große Gutshof wurde vermutlich rund 300 Jahre bewirtschaftet, man fand die Reste von neuen Gebäuden, einem Gräberfeld und einer Wasserleitung. Nach gut anderthalb Jahrtausenden zurück an die Oberfläche kamen auch diverse Haushaltsgegenstände, darunter Geschirrteile, Webgewichte und nicht zuletzt Fibeln, also jene Nadeln, mit denen die Römer ihre Gewänder zusammenhielten. Nun galt Wesseling zwar auch damals nicht gerade als der Nabel der Welt, aber der Standort des Hofes war dennoch gut gewählt. Mit dem nahen Rhein und der Heeres- und Handelsstraße Köln–Koblenz existierten gleich zwei Wege, um die überschüssigen Güter in die nächsten Metropolen zu transportieren. Denn genau dies bedeutete eine echte wirtschaftliche Neuerung für das linksrheinische Gebiet: Während die Germanen in großen, sich selbst versorgenden Sippen lebten, arbeiteten die Römer gewinnorientiert. Allein im Rheinland wurden bislang über 3.000 Villae Rusticae gefunden, die neben landwirtschaftlichen auch verschiedene handwerkliche Produkte in Umlauf brachten.

Auch in Wesseling schürften die Wissenschaftler Glas- und Metallschlacke aus der Erde. Neben den Grundmauern wurde einer der Kellerräume für die Nachwelt aufbereitet. Mehrere Wandnischen deuten auf seine Nutzung als Vorratsraum: Irgendwann wird dort einmal der Wein gelagert haben, den man nach der Arbeit auf das Wohl Bacchus trank.

Adresse Wesseling-Eichholz, Herseler Straße 12 | **Anfahrt** A555 bis Ausfahrt Wesseling, rechts in die Siebengebirgs-, links in die Urfelder und wieder links in die Herseler Straße | **Tipp** Einen Spaziergang wert ist der nahe Urfelder Leinpfad am Rheinufer.

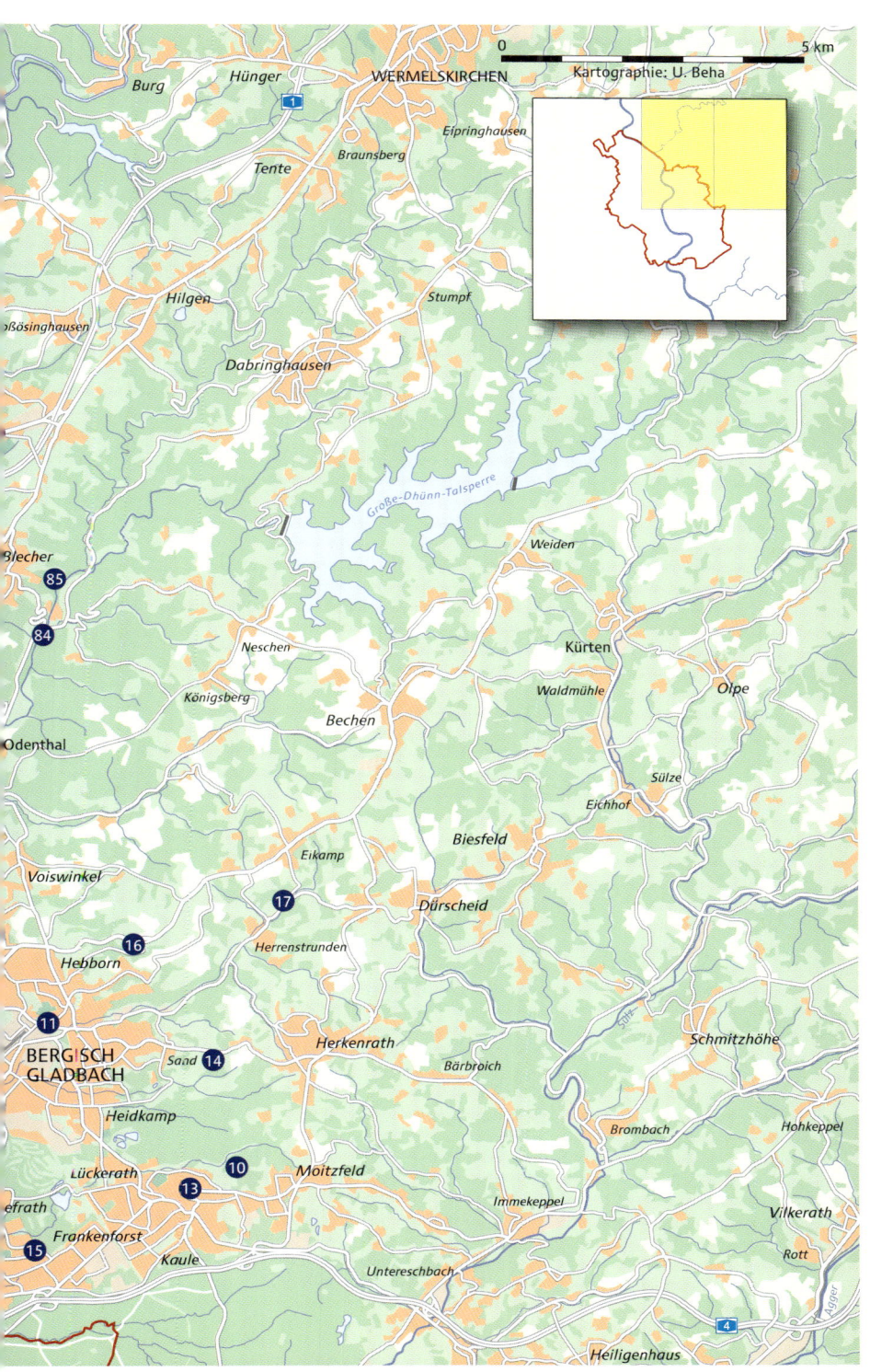

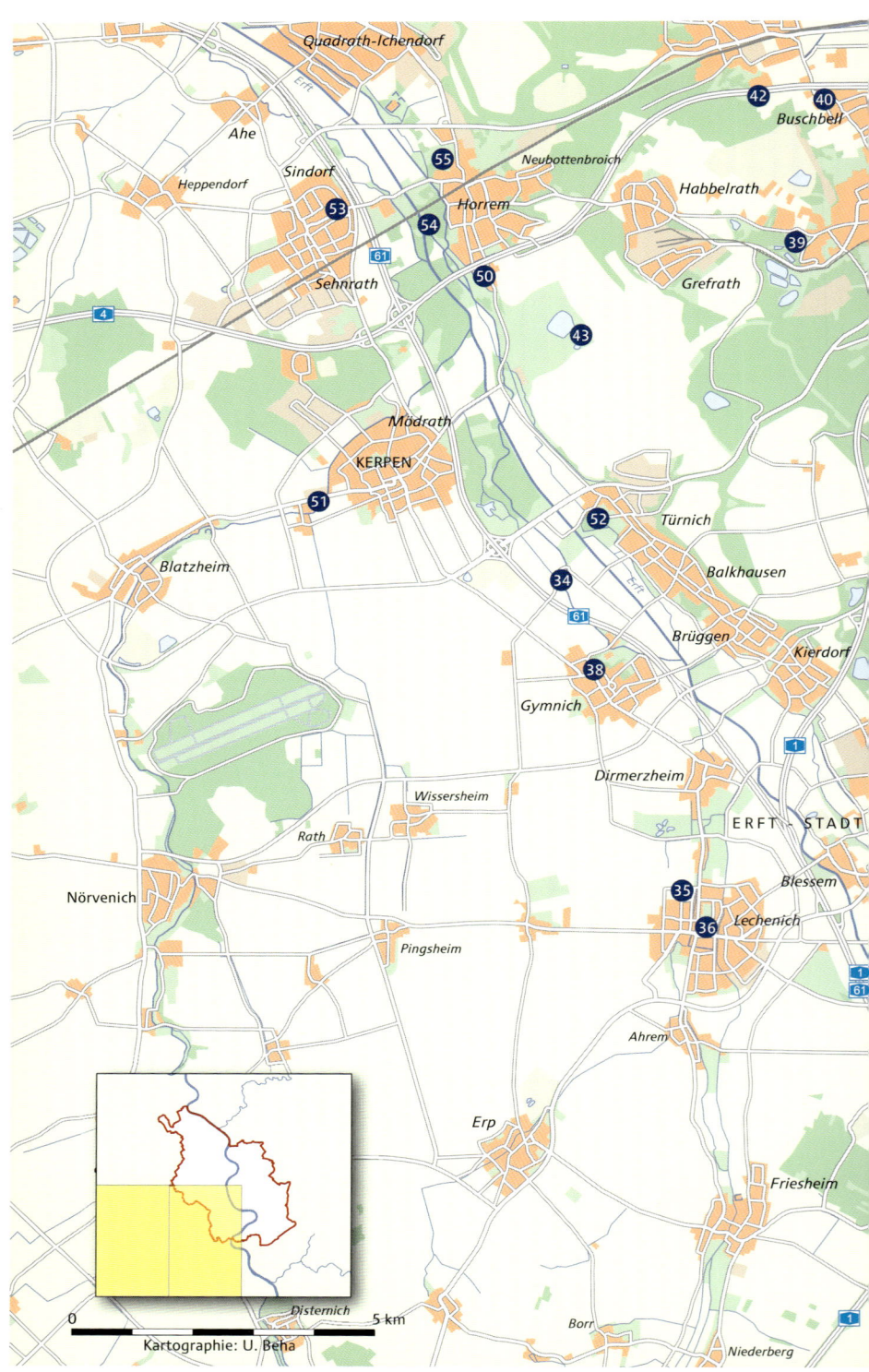

Quadrath-Ichendorf

42
40 Buschbell

Ahe
Sindorf
Neubottenbroich
55
Habbelrath
Heppendorf
53
Horrem
54
Grefrath
39
Sehnrath
50
4
43

Mödrath
KERPEN
51
52 Türnich
Balkhausen
Blatzheim
34
Brüggen
Kierdorf
61
38
Gymnich
1
Dirmerzheim
Wissersheim
ERFT - STADT
Rath
Nörvenich
35 Blessem
36 Lechenich
Pingsheim
1
61
Ahrem

Erp
Friesheim

Disternich
0   5 km
Kartographie: U. Beha
Borr
Niederberg

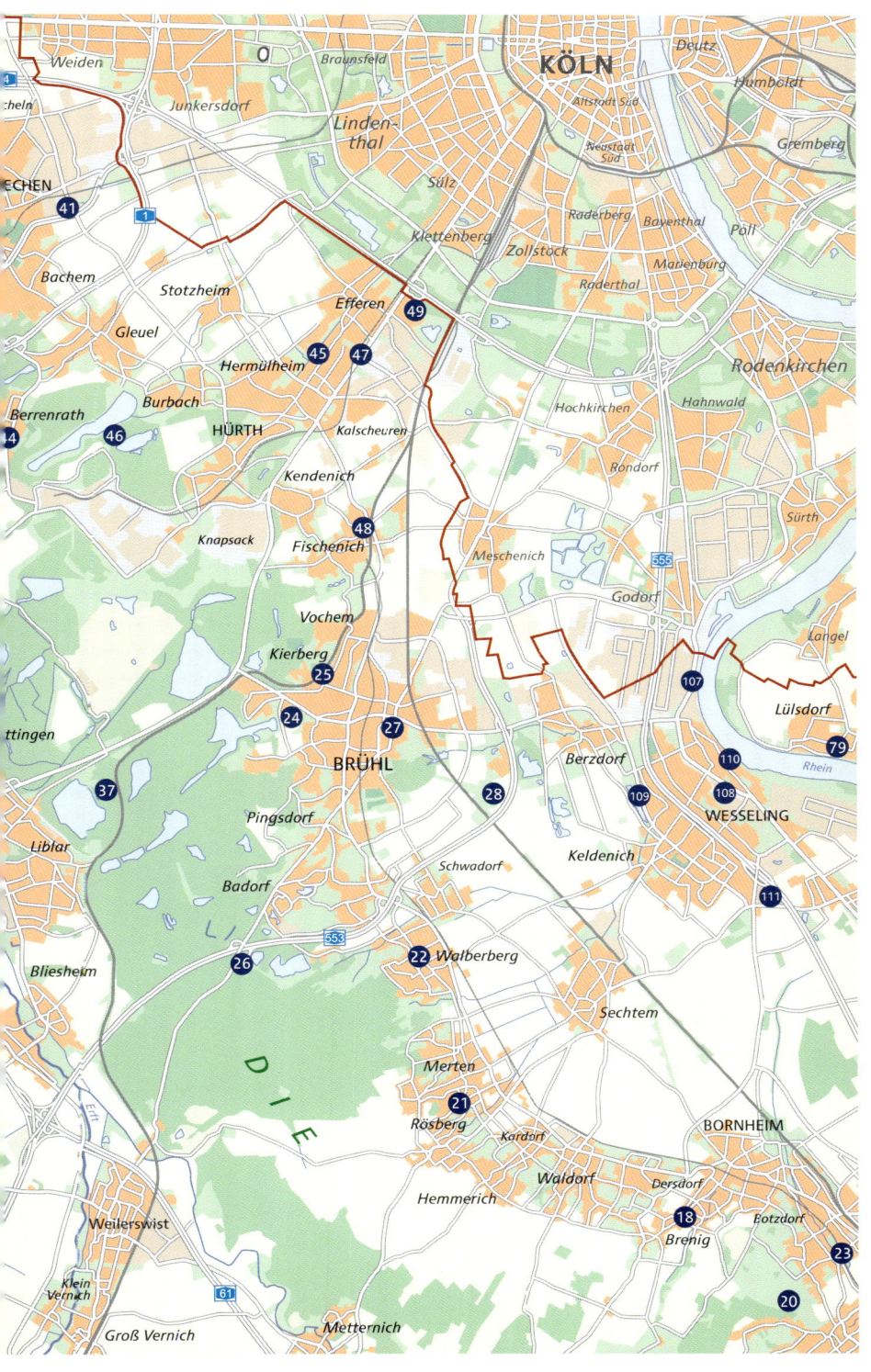

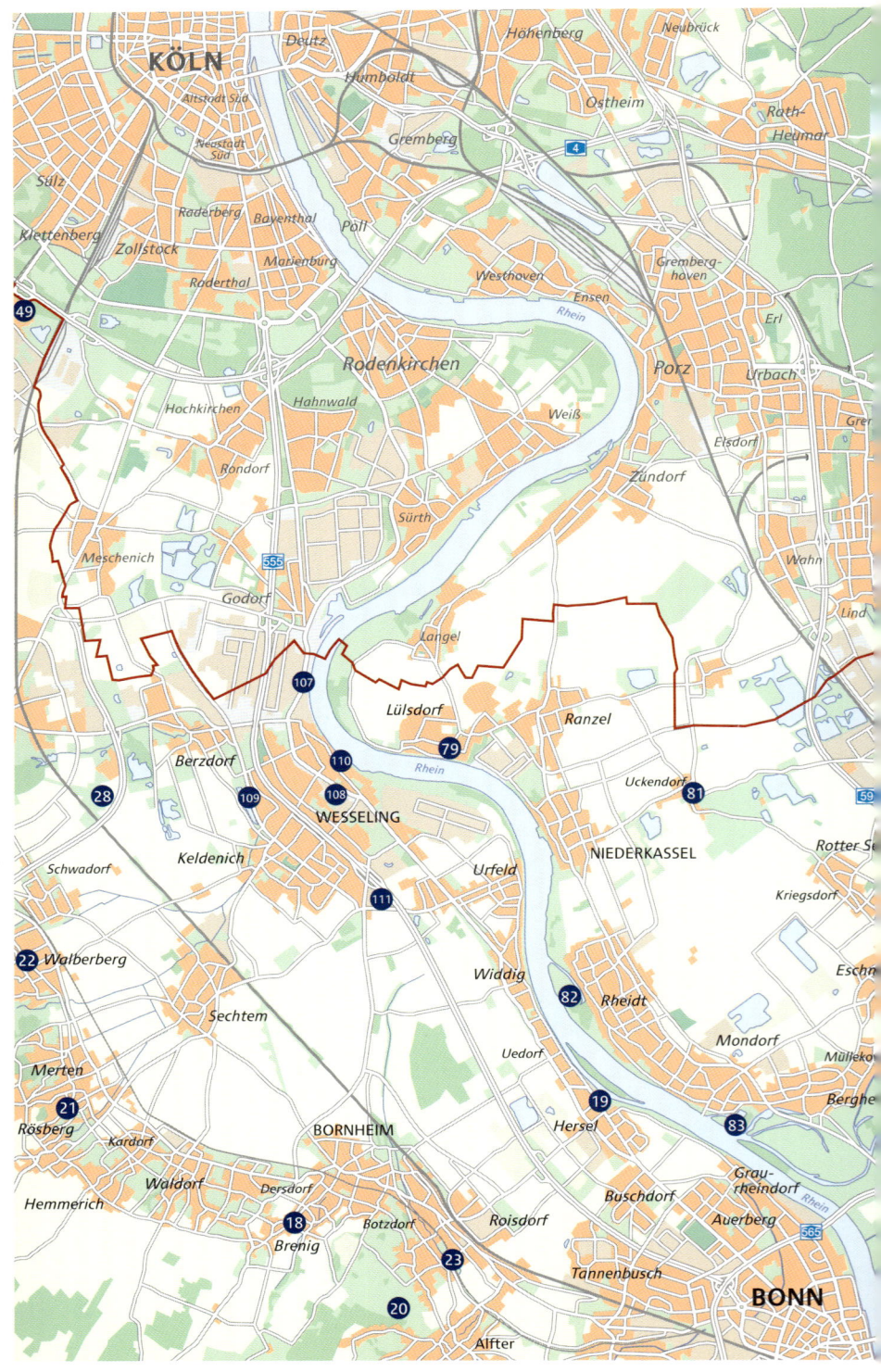

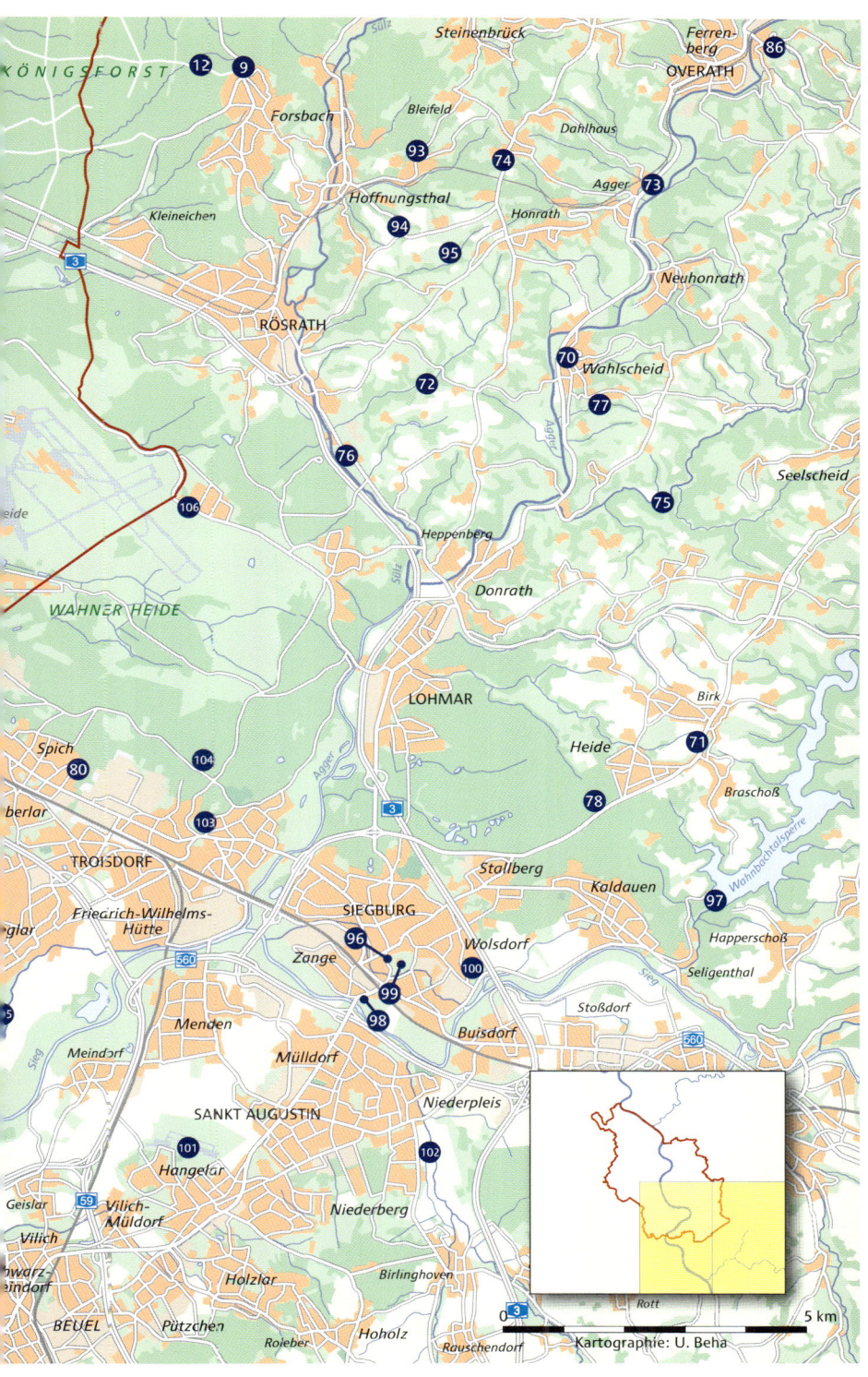

Kartographie: U. Beha

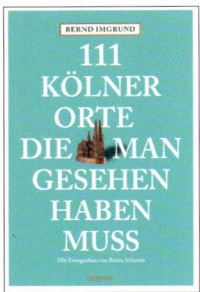

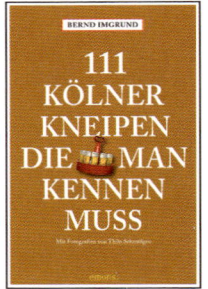

Der Autor

Bernd Imgrund, geboren 1964 in Köln, arbeitet als Autor und Journalist. Unter anderem schrieb er eine Kulturgeschichte des Skatspiels (»Das Skat-Lesebuch«) sowie den Schelmenroman »Quinn Kuul«. Im Emons Verlag erschienen: das »Kölner Sammelsurium«, der satirische Reiseführer »Ölle. Die Stadt am Niehr«, der Roman »Fränki«, die beiden Stadtführer »111 Kölner Orte, die man gesehen haben muss«, Band 1 und 2 sowie das Interviewbuch »Ohne Rhein kein Dom«.

Die Fotografin

Nina Osmers, geboren 1976 in Ostfriesland, ist Diplom-Übersetzerin für Medizintechnik und Projektmanagerin bei einem Übersetzungsunternehmen in Bonn. Die bei flickr.com aktive Fotografin ist außerdem Mitherausgeberin eines DVD-Onlinemagazins.